novum pro

AF172129

Reinhold Heers

BON CAMINO
MIT 70 AUF DEM JAKOBSWEG

novum pro

www.novumverlag.com

Bibliografische Information
der Deutschen Nationalbibliothek:

Die Deutsche Nationalbibliothek
verzeichnet diese Publikation in
der Deutschen Nationalbibliografie.
Detaillierte bibliografische Daten
sind im Internet über
http://www.d-nb.de abrufbar.

Alle Rechte der Verbreitung,
auch durch Film, Funk und Fernsehen,
fotomechanische Wiedergabe,
Tonträger, elektronische Datenträger
und auszugsweisen Nachdruck,
sind vorbehalten.

© 2020 novum Verlag

ISBN 978-3-99064-853-7
Lektorat: Dr. Annette Debold
Umschlagfotos: Malienation,
Max Maximov | Dreamstime.com
Umschlaggestaltung, Layout & Satz:
novum Verlag
Innenabbildungen: Oliver Schweins,
Hamburg & grøn Designagentur

Gedruckt in der Europäischen Union
auf umweltfreundlichem, chlor- und
säurefrei gebleichtem Papier.

www.novumverlag.com

Inhaltsverzeichnis

Die Motivation 7

Teil I 9
Meine Vorbereitung 9
Der Weg 13
   Bremen–Paris–Biarritz–Bayonne 13
   Bayonne–Saint-Jean-Pied-de-Port–Orisson 14
   Orisson–Pass Collado Lepoeder–
   Roncesvalles–Burguete 19
   Burguete–Espinal–Zubiri–Larrasoaña 23
   Larrasoaña–Zabaldika–Arre–Pamplona 26
   Pamplona–Zariquiegui–Alto del Perdon–Uterga–
   Puente la Reina 29
   Puente la Reina–Cirauqui–Lorca–Estella 32
   Estella–Villamayor de Monjardin–Los Arco –
   Torres del Rio 33
   Torres del Rio–Viana–Logroño–Navarrete 36
   Navarrete–Ventosa–Nájera–Azofra–Cirueña 38
   Cirueña–Santo Domingo de la Calzada–
   Grañón–Belorado 40
   Belorado–Villafranca Montes de Oca–
   San Juan de Ortega–Atapuerca 42
   Atapuerca–Burgos 45
   Burgos–Madrid–Frankfurt–Bremen 46
Notwendiger Abbruch 47

Teil II 49
Ultreya: Immer weiter (Richtung Santiago)! 49
Der Weg 53
  Bremen–München–Madrid–Burgos 53
  Burgos–Rabé de las Calzadas–Hontanas 55
  Hontanas–Castrojeriz–Boadilla del Camino 57
  Boadilla del Camino–Frómista–Carrión de los Condes 59
  Carrión de los Condes–
  Calzadilla de la Cueza–Sahagún 62
  Sahagún–El Burgo Ranero–Reliegos–
  Mansilla de las Mulas 64
  Mansilla de las Mulas–León 66
  León–La Virgen del Camino–
  Villar de Mazarife–Villavante 68
  Villavante–Hospital de Órbigo–Astorga–
  Murias de Rechivaldo 70
  Murias de Rechivaldo–El Ganso–Rabanal del Camino 72
  Rabanal del Camino–Foncebadón–
  Cruz de Ferro–Molinaseca 75
  Molinaseca–Ponferrada–Cacabelos 78
  Cacabelos–Villafranca del Bierzo–Trabadelo–Herrerías 81
  Herrerías–O Cebreiro–Alto do Poio–Fonfría 83
  Fonfría–Triacastela–Alto de Ríocabo–Sarria 86
  Sarria–Ferreiros–Portomarin 88
  Portomarin–Castromaior–Ligonde–Palas de Rei 90
  Palas de Rei–Melide–Castañeda 92
  Castañeda–Arzúa–Salceda–Pedrouzo 94
  Pedrouzo–Monte do Gozo–Santiago de Compostela 95
  Santiago de Compostela 97
  Santiago de Compostela 98
  Santiago de Compostela–Frankfurt–Bremen 99
Mein Fazit 101

Mit 70 auf den Jakobsweg 105
Hilfreiche Unterlagen 109

Die Motivation

Kurz nach Erscheinen habe ich das Buch von Hape Kerkeling „Ich bin dann mal weg" im Jahr 2006 gelesen, und seit dieser Zeit kamen immer wieder die Gedanken hoch, doch auch diesen Weg zu gehen. Aber es gab ja immer vielfältige Gründe, es bei den Gedanken zu belassen. Familie, Arbeit, wenig Zeit, es fehlte einfach der richtige Anstoß. Im Frühjahr 2017 habe ich ein Buch von Eduard Freundlinger gelesen, der auch auf dem Camino gepilgert war und sein Leben, sowohl privat als auch beruflich, anschließend auf den Kopf gestellt hatte. Nun, das war und ist überhaupt nicht meine Absicht. Trotzdem war das Interesse erneut geweckt. Aber es war nicht der Auslöser.

Ein ganz banales Ereignis trieb mich in die Vorbereitungen: Wie fast jeden Morgen habe ich auch Anfang März 2017 bei meinem Bäcker die Frühstücksbrötchen geholt. Und dabei erzählte mir die junge Verkäuferin, dass sie über Ostern mit ihrer Mutter auf den Jakobsweg von Porto nach Santiago gehen werde. Das ließ mich aufhorchen! Eine junge Frau, gefärbte Haare, Piercing im Gesicht, Tätowierungen – und pilgern? Spontan habe ich ihr am nächsten Morgen das Buch von Hape Kerkeling geschenkt.

Kurz nach Ostern der erste Kontakt: Mit Begeisterung erzählte sie von ihren Erlebnissen. Und das würde sie wiederholen.

Nun gab es bei mir kein Zurück mehr: Was diese junge Frau kann, das kann ich auch.

TEIL I
Meine Vorbereitung

Der erste Weg führte mich in meine Buchhandlung. Hier wurde mir klar, dass ich offensichtlich nicht der Einzige war, der sich für den Jakobsweg interessierte, denn die Auswahl an begleitenden Büchern war groß. Ich entschied mich aus praktischen Gründen für einen Führer in Taschenbuchformat, und die Wahl fiel auf das Outdoorhandbuch „Camino Francés" von Raimund Joos, das gerade frisch überarbeitet worden war.

Übereifrig fing ich an, mir Gedanken zur Umsetzung der Idee zu machen. Doch nach dem Lesen der allgemeinen Anmerkungen wurde ich auf den Boden der Tatsachen zurückgeholt: Es braucht Vorbereitung, es braucht Zeit, und es braucht eine gute Planung!

Hier erschien mir ein Vorbereitungsseminar hilfreich, das im Oktober in Oberdischingen bei Ulm stattfinden sollte, durchgeführt von dem Autor des Buches, der schon seit 1992 regelmäßig auf den Jakobswegen unterwegs ist. Zunächst als Pilger, später auch als Herbergsvater, ist der studierte Pädagoge und Theologe jetzt als Autor unterwegs und macht regelmäßig Updates seiner Bücher. Bei dem Versuch einer Anmeldung kam vom Anrufbeantworter: „Bin auf dem Jakobsweg, melde mich nach meiner Rückkehr." Und so war es auch.

Das Seminar im Cursillo-Haus St. Jakobus fand in einer ganz familiären Umgebung statt. Sechs Teilnehmer, davon drei schon mit Erfahrungen auf dem Camino. Viele gute Tipps und Empfehlungen, interessante Vorträge mit vielen Bildern, die eindrücklich die Schönheit, aber auch die Belastungen des Weges aufzeigten. Und gute Gespräche, die verdeutlichten, dass auch so etwas zum Pilgern gehört. In dieser kleinen Gruppe sind wir ein kleines Teilstück des deutschen Jakobsweges gepilgert – und ich hatte meinen ersten Stempel im Pilgerausweis, dem Credencial.

Aufgrund der Hinweise, was etwa Wetter und Belegung des Weges anging, hatte ich meine Reisezeit von Mitte Mai bis Ende Juni 2018 vorgesehen. Und so begann ich Anfang des Jahres mit den konkreten Vorbereitungen.

Da ich vorher noch nie über mehrere Tage wandernd unterwegs war, mussten alle notwendigen Ausrüstungsgegenstände einschließlich der Bekleidung gekauft werden. Besonderes Augenmerk hatte ich auf die Wahl der Schuhe gelegt. Und das hat sich ausgezahlt: Die Trekkingstiefel saßen gut am Fuß, aber nach der ersten längeren Wegstrecke um den Werdersee herum schmerzte der linke Außenknöchel. Selbst der Gang zum Orthopädieschuhmacher mit dem Versuch zu weiten oder die Anfertigung einer kleinen Einlage änderten nichts an dem Problem. Also: Schuhe tauschen, was relativ problemlos ging. Eine kleine Eigenbeteiligung wurde verrechnet, und jetzt hatte ich Halbschuhe von derselben Marke, die den Außenknöchel frei ließen. Ein erneuter Wanderversuch über 22 Kilometer, diesmal sogar mit dem ganzen Gepäck im Rucksack, verlief reibungslos. Die Wanderstrecke führte durch meine alte Heimat: Aschwarden – Rade – Meyenburg – Hinnebeck – Stellerbruch.

Zur weiteren Vorbereitung hatte ich mir aus dem Netz ein Verzeichnis der Unterkünfte, und nicht nur Herbergen, runtergeladen und ausgedruckt, was sich später auf dem Weg als überaus hilfreich herausstellen sollte.

Eine Nacht zu Hause im Schlafsack habe ich als nicht sehr problematisch empfunden, und das gab mir die Sicherheit, auch solche Nächte auf dem Weg zu überstehen.

Da Lufthansa Biarritz nicht anfliegt, erfolgte die Buchung bei Air France, und HOP! flog mich hin. Das Hotel in Bayonne, die Zugfahrt nach Saint-Jean-Pied-de-Port und die Übernachtung in Orisson waren gebucht, alles andere musste dann vor Ort entschieden werden.

Die Post und die Zeitung waren abbestellt, Ingrid vom Nachbarhaus in die Pflege der Pflanzen eingewiesen, bei Freunden hatte ich mich telefonisch verabschiedet und der Familie die Nummer des Telefons übermittelt.

Nachdem nun die Ausrüstung zusammen war, die Schuhe eingelaufen, die Vorbuchungen erledigt waren: Es konnte losgehen!

Der Weg

Tag 1   24.05.2018

BREMEN-PARIS-BIARRITZ-BAYONNE

Unterkunft: Ibis Styles Bayonne Centre Gare

Eigentlich sollte man annehmen, dass die Nacht unruhig verlief. Aber nein, gut geschlafen, pünktlich aufgestanden und wie jeden Morgen: ab zum Bäcker und Brötchen geholt. Derweil lief die Kaffeemaschine. Nach einem Frühstück konnte es losgehen. Pünktlich um 09.00 Uhr erschien das Taxi. Mit meinem gepackten Rucksack unter dem Arm startete ich. Das Einchecken problemlos, bei fast voller Maschine war mein Nebenplatz frei. In Paris Charles de Gaulle dann viereinhalb Stunden Wartezeit bis zum Weiterflug nach Biarritz. Hier kam zum ersten Mal eine innere Unruhe auf: Wird alles gut gehen? Bin ich auf dem richtigen Weg? Aber auch: Jetzt geht es endlich los. Konzentriertes Lesen war nicht möglich. Immer wieder habe ich den Pilgerführer in die Hand genommen – aber auch immer wieder in der Hosentasche verschwinden lassen. Dann die Ansage: Der Abflug wird sich verzögern, weil die Maschine aus Biarritz wegen schlechten Wetters verspätet reinkommen wird. Schlechtes Wetter? Damit hatte ich überhaupt nicht gerechnet. Sollte es etwa gleich mit Regen und Sturm losgehen? Im Pilgerführer waren nur Fotos im Sonnenschein!

    Der Flug war ein wenig unruhig. Nach der Ankunft gab es zwar dunkle Wolken, aber es war mild und blieb trocken. Für die Suche nach dem richtigen Bus nach Bayonne fehlte mir der Schwung, also mit dem Taxi Richtung Hotel. Bayonne: eine einzige Baustelle! Straßen gesperrt, Brücke zum Hotel dicht; also Umwege fahren. Nach kurzer Suche fand der Taxifahrer auch den Weg zum Hoteleingang. An der Rezeption stand bereits ein Paar mit Rucksäcken: auch Pilger. Mein Zimmer wurde mir unkompliziert zugewiesen. Da es ein Doppelzimmer war, konnte ich mich ausbreiten und den Rucksack so packen, wie ich es für sinnvoll erachtete. Irgendwie kam bei mir die Frage auf, ob ich nicht selbst den einfachen Standard des Hotels noch mal auf dem Weg vermissen würde (es sollte so sein!). Das Hotel lag direkt neben dem Bahnhof, und so zog ich los, um mir das bereits bezahlte Bahnticket nach Saint-Jean-Pied-de-Port aus dem Automaten zu holen, was auch problemlos funktionierte. Nach einem Spaziergang Richtung Altstadt aß ich in einem kleinen Restaurant direkt am Fluss Adour zu Abend. So gestärkt ging es zurück ins Hotel und auch pünktlich ins Bett.

Tag 2   25.05.2018

BAYONNE–SAINT-JEAN-PIED-DE-PORT–ORISSON

Unterkunft: Albergue de Orisson
Strecke: 8 km, 600 Höhenmeter,
Aufstieg auf 800 m, 3 Stdn.

Um 06.00 Uhr klingelte der Wecker. Das war vor meiner gewohnten Zeit zu Hause. Ich hatte mir fest vorgenommen, nicht den hektischen Aufbruch der Pilger mitzumachen, die zum Teil bereits im Dunkeln starten, um früh am Ziel zu sein und so ein gutes Bett zu bekommen. Aber hier war es etwas anderes: Der Zug sollte um 07.42 Uhr starten, und vorher war ja noch Frühstücken angesagt. Ich saß allein im Frühstücksraum und genoss den Kaffee und das Weißbrot. Und dann den Rucksack umgehängt: schon ein merkwürdiges Gefühl! Unsicherheit machte sich breit: Sitzt er auch richtig, wie stramm muss ich ihn festziehen? Eigentlich noch gar nicht, denn es ging ja nur einige Meter bis zum Bahnhof. Dort angekommen stellte ich fest, dass gar kein Zug fuhr, sondern ein Bus: Schienenersatzverkehr sozusagen, denn in einem Tunnel für den Zug wurde gebaut. Etwa zehn Personen mit Rucksack stiegen ein, einer ohne Gepäck. Auch die Pilger von der Hotelrezeption waren dabei. Kurze Begrüßung, aber noch ohne Pilgergruß. Irgendwie ist man ja noch nicht auf dem Weg. Die Fahrt führte durch reizvolle Landschaften. Als dann die ersten hohen Berge auftauchten, gab es schon ein gewisses Kribbeln im Bauch: Da willst du rüber. Jetzt wird es ernst!

Nach gut eineinhalb Stunden Fahrt Ankunft am Bahnhof von Saint-Jean-Pied-de-Port. Die Bahnhofstoilette war geöffnet: Ich war der Erste, andere folgten. Aufregung!

Dann ein vager Blick auf andere Pilger: Was machen die? Wie setzen die den Rucksack auf? Wo geht es lang? Nur nicht anmerken lassen, dass man unsicher ist. Ach, einfach erst einmal folgen.

Saint-Jean-Pied-de-Port ist ein kleines, typisch baskisches Städtchen mit etwa 2000 Einwohnern. Die Altstadt mit ihren engen Gassen und die Zitadelle stammen aus dem 17. Jahrhundert. Auf Baskisch heißt die Stadt Donibane Garazi. Die Straßenschilder und Ortsnamen sind im baskischen Teil der Navarra in Baskisch und Spanisch beschriftet.

Zunächst begab ich mich ins Pilgerbüro und hatte Glück, dass die Schlange von Pilgern noch nicht so lang war. Der erste Stempel auf dem Weg landete in meinem Pilgerpass, dem *credencial de peregrino*. Zugleich legte ich mir gegen eine Spende die obligatorische Jakobsmuschel zu und befestigte sie hinten am Rucksack.

Verpflegung für unterwegs musste ich noch besorgen: Obst, ein kleines Brot. Also machte ich mich auf die Suche nach einem Supermarkt. Auch hier war ich nicht der einzige Pilger. Vor mir wollte ein Kunde mit Karte bezahlen: nein, nur Bargeld.

Er legte einen 50-Euro-Schein hin: böse Blicke der Kassiererin. Wie gut: Ich hatte Kleingeld. Vor dem Laden verstaute ich nun das Gekaufte im Rucksack, als plötzlich ein dicker Tropfen auf meinen Kopf fiel. Sollte es etwa anfangen zu regnen? Der Blick zum Himmel verriet aber Wolken mit Sonnenschein. Der Griff auf meinen Kopf brachte es an den Tag: ein Vogelschiss!!! Das kann nur Glück bedeuten!
Und nun ging es wirklich los. Acht Kilometer mit einer Höhendifferenz von 600 Metern lagen vor mir. Um es vorweg zu sagen: Drei Stunden habe ich gebraucht. Es war mal Teerstraße, es war mal Feldweg, mal ging es steil bergauf, mal sehr steil! Schritt für Schritt ging es aufwärts, und immer wieder eine Pause. Ja, auch getrunken habe ich unterwegs. Es hatte auch nicht lange gedauert, bis die Einsicht kam, wie wichtig es ist, Pausen einzulegen. Zumal es anderen Pilgern nicht viel anders erging. Ich war nicht allein unterwegs: Mal überholten mich Pilger – immer mit einem „Bon Camino!" –, dann überholte ich sie wieder. Auch das war eine Möglichkeit, irgendwann in ein kurzes Gespräch zu kommen. Grundsätzlich bin ich aber allein gegangen. Nur so konnte ich meine Gehgeschwindigkeit finden, konnte frei sein in den Gedanken und mich auf mich und den Weg konzentrieren. Und ich stellte fest: Das ist nicht langweilig. Aufnehmen, was am Wegesrand ist, erkennen, was der Blick in die Ferne bietet, und spüren, wie doch das Gehen anstrengend in bergigen Gegenden ist. Und dann die Erfahrung, dass nach jedem Hügel und Berg ein neuer kommt. Das Ziel der heutigen Etappe war auch nicht auszumachen, denn ich ging bereits seit einiger Zeit in Wolken. Erst wenige Meter vorher waren die Umrisse der Herberge zu erkennen.

Mein Pilgerbruder Bernd, den ich auf dem Vorbereitungsseminar kennengelernt hatte, war bereits vor Ort. Ohne uns abzusprechen, hatten wir beide denselben Anflugtag. Bernd hatte allerdings in Saint-Jean übernachtet und konnte so früher starten. Tagesziel erreicht: Ein erfrischendes kleines Bier weckte wieder die Lebensgeister.

Während alle Pilger auf die Bettenverteilung warteten, klarte es etwas auf, und der Blick war frei über ein wunderschönes Tal, in dem die Wolken unter uns lagen. Die Terrasse direkt am Hang wurde zu einem beliebten Platz, auch wenn die Temperaturen durchaus etwas wärmer hätten sein können.

Jetzt wurde es spannend! Die Betten wurden verteilt. Nach welchem Muster? Ich weiß es nicht. Jedenfalls landete ich in einem Zimmer mit fünf Doppelstockbetten, natürlich oben. Gemischte Belegung, drei Männer, sieben Frauen. Etwas hilflos stand ich vor dem Bett. Die Pilgerschwester unter mir fing sofort an, sich einzurichten. Einmalbettlaken und Kissenbezüge lagen auf jedem Bett. Platz für die Rucksäcke gab es eigentlich nicht, also irgendwie auf den Fußboden am Bettende. Ohne aktiv zu werden, ging ich erst einmal raus. Ich musste meine Gedanken sortieren. Wo bist du hier gelandet? Aber alles innere Gejammer nutzte nichts; auch ich musste mich einrichten. Also zurück ins Zimmer, Bettlaken ausgebreitet, Schlafsack rausgeholt und ausgebreitet (nur gut, dass ich zu Hause schon mal eine Nacht darin geschlafen hatte und so wusste, dass es funktioniert). Was brauchte ich denn sonst noch aus dem Rucksack? Waschzeug, Handtuch, neues Shirt, Socken? Irgendwann war ich so weit, dass ich auch duschen gehen konnte. Jeder hatte bei der Bettzuweisung eine Münze bekommen, die für fünf Minuten Wasser in der Dusche ausgelegt war. Zwei Duschen für Männer waren da. Jetzt hieß es aufpassen, wann wieder eine frei war. Wie gut, dass ich Badeschuhe mitgenommen hatte. Der Raum stand unter Wasser. Münze in den Automaten und Wasser marsch. Warmes Wasser kam von oben, und die Zeit reichte tatsächlich, um vernünftig zu duschen. Ich musste ja auch meine Haare waschen, denn der Vogelschiss war noch in Erinnerung. Da ich nicht wusste, wie ich die Handtücher hinterher wieder trocken bekommen sollte, hatte ich nur das kleinere von beiden mitgenommen. Wie aber damit alles abtrocknen? Und dann das merkwürdige haptische Gefühl beim Anfassen des Handtuches. Aber irgendwie hat es geklappt: Mit einem sauberen Gefühl ging es in den Schlafraum zurück.

Ich hatte bemerkt, dass meine Vorduscher, insbesondere die Frauen, ihre jeweiligen nassen Sachen auf eine Leine gehängt hatten. Der noch freie Platz war meiner. Was Shirt und Socken anging: Die wollte ich am nächsten Tag noch mal tragen. Wozu hatte ich viel Geld für Merino-Sachen ausgegeben? Der Verkäufer hatte doch auf die Vieltrageeigenschaft extra hingewiesen. Und der nächste Tag würde wieder schweißtreibend sein.

Jetzt kam eine entspannte Phase: Ich saß auf der Terrasse zusammen mit Bernd, ein (oder zwei?) Glas Wein bewirkten eine gewisse Lockerheit. Das Wetter klarte auf, und ein herrlicher Blick über das weite Land mit den Bergen und Tälern entschädigte wirklich für den mühsamen Aufstieg – und die erste Berührung mit einer Pilgerherberge.

Für 18.30 Uhr war das gemeinsame Abendessen angekündigt: das berühmte Pilgermenü, das mich während der ganzen Zeit positiv begleiten sollte. An einfachen Holztischen versammelten wir uns alle im Speiseraum. Buntes Stimmengewirr sorgte für eine lebhafte Lautstärke. Nach einer Gemüsesuppe, die prima schmeckte und auch ausreichend vorgehalten wurde, gab es Hähnchenteile mit Kartoffeln und Gemüse. Selbst vegetarische Kost war nach Vorbestellung vorhanden. Dazu natürlich Weißbrot, Wasser und Rotwein. Es konnte nachgeschenkt werden. Abgeräumt wurde gemeinsam. Die Wirtin hielt eine kleine Ansprache, begrüßte uns und forderte uns auf, dass wir uns vorstellen sollten. Es war wirklich ein gemischter Haufen: US-Amerikaner, Engländer,

Belgier, Italiener (einer von ihnen hielt eine Rede auf Italienisch, doch keiner verstand ihn!), Spanier, drei Deutsche, Japaner (sprach keine Fremdsprache), Südkoreaner, Taiwanese, Moldawier. In der Überzahl waren es Frauen, nur ein Paar war dabei.
Und dann kam die Nacht!
Katzenwäsche am Abend: Welcher Waschplatz ist frei? Welche von den zwei Herrentoiletten? Eine war gleich in einem Holzverschlag neben unserem Raum, aber nachts nicht beleuchtet. Es war schon speziell.
Gegen 21.00 Uhr waren alle in den Betten. Irgendwie war ich auch in meinem oberen Bett angekommen. Die Ersten waren schon eingeschlafen, da ging immer wieder die Tür auf und zu. Bums! Raschel-raschel! Von Einschlafen bei mir keine Spur. Was ich allerdings jetzt gut kann, ist zu unterscheiden, ob Männlein oder Weiblein schnarcht. Und Schnarchen unterschiedlicher Menschen kann sogar in einem gewissen Einklang ablaufen. Irgendwann bin ich dann wohl doch eingeschlafen. Aber die Nacht war für mich kurz, denn gegen 06.00 Uhr war bereits allgemeines Aufstehen. Unruhe nicht nur in unserem Raum. Mein erster Gedanke: Gang zur Toilette, noch war sie frei.

Tag 3   26.05.2018

ORISSON-PASS COLLADO LEPOEDER-RONCESVALLES-BURGUETE

Unterkunft: Hotel Rural Loizu
Strecke: 22 km, 620 Höhenmeter,
   Aufstieg auf 1420 m, 9 Stdn.

Der Blick nach draußen verhieß nichts Gutes: Es regnete in Strömen. Um so sparsamer war ich mit dem Wasser beim Waschen. Kurzes Zähneputzen, und fertig. Und trotzdem brauchte ich meine Zeit, denn ich musste ja meine Sachen noch zusammenpacken: Auch das will geübt sein. Der Schlafsack musste schließlich in den kleinen Beutel. Mit allen Sachen ging es dann kurz nach 07.00 Uhr in den Speiseraum zum Frühstück – oder was man dazu sagen soll: Pott Kaffee, zwei halbe Weißbrotstangen, Butter und Marmelade. Nun ja, es war eine kleine Grundlage. Die ersten Pilger waren schon weg, andere zogen ihre Regensachen an, wieder andere liefen mit dem Poncho los. Sah nicht gerade aus wie auf einer Modenschau. Aber auch mir blieb nichts anderes übrig, als den Poncho aus dem Rucksack zu holen. Wie man damit wohl pilgern kann?

Bernd hatte auch so seine Probleme, denn bei ihm war der Regenschutz noch original verpackt und musste erst ausgepackt werden. Doch irgendwann ging es los, und wir waren nicht die Letzten. Bernd lief mit flottem Schritt los – bis er anfing zu schnaufen und langsamer wurde. Wir fanden dann unser gemeinsames Tempo. Es sollte ja über 15 km fast immer nur bergauf gehen. Kräfte einteilen. Nach etwa 5 km stand eine Marienfigur auf einem großen Felsen und blickte über ein Tal, das wir wegen des miserablen Wetters nicht sehen konnten.

Aber was war noch schlimmer? Ein Auto kam von unten angefahren und fünf Pilger stiegen aus, um von hier aus ihren Weg fortzusetzen. Das geht doch gar nicht!

Auch wenn der Regen immer mal Pause machte, an ein Ausziehen des Ponchos war nicht zu denken. Zum einen war es relativ kalt, und es ging ein heftiger Wind. Hinzu kam, dass der Poncho dicht war und somit der Rucksack trocken blieb, ich selber aber stand im Schweiß.

Nach etwa drei Stunden des Pilgerns verspürten wir beide Hunger und Durst. Wir fanden ein schönes Plätzchen, kurzzeitig ohne Regen, und ließen uns das in Orisson gekaufte belegte Baguette gut schmecken. Andere Pilger gesellten sich zu uns. Trotz allem: fröhliche Stimmung.

Das sollte sich bald ändern. Wir waren nur wenige Minuten wieder auf dem Weg, als ein bis dahin in der Ferne grummelndes Gewitter immer näher kam. Und mit ihm Sturm, Regen und Hagel. Aber in so einer Stärke, dass es schwierig war, auf den Beinen zu bleiben. Die Hagelkörner prasselten auf uns ein, es schmerzte. Blutende Lippen waren bei einigen Pilgern zu sehen. Dabei hatten wir noch Glück: Die einzige Schutzhütte war in Sichtweite. Also nichts wie hinein. Wir standen wie die Heringe, dicht gedrängt. Es konnten nicht alle r ein. Die, die draußen bleiben mussten, verkrochen sich hinter Felswänden, legten sich in Mulden. Zwei Frauen wurden regelrecht umgepustet. Nach einer halben Stunde war das Schlimmste vorbei, was Gewitter und Hagel anging. Also: Weiter ging es, immer bergauf. Der Weg voller Geröll, die Wassermassen liefen den Berg runter, schwieriges Gehen. Ich musste immer an die sonnendurchfluteten Bilder im Pilgerführer denken. Das sollte ich so nicht erleben.

Aber so schnell das heftige Wetter kam, so schnell war es dann auch wieder vorbei. Als wir am Pass ankamen, schien die Sonne. Es war zwar noch windig und nicht sehr warm, aber endlich war ein schöner Blick in die Ferne und zu den umgebenden Bergen möglich. Ein freies Durchatmen und Auftanken der Kräfte. Ja, es war sogar irgendwie ein erhebendes Gefühl, den Pass und damit die höchste Stelle der Pilgerreise erreicht zu haben.

Im Tal konnten wir das vermeintliche Ziel, die Pilgerherberge in der Abtei Roncesvalles, sehen. Nun war nur noch die Entscheidung zu treffen: den kürzeren, aber steileren und steinigen Weg (hier war schon Hape Kerkeling gestürzt und hatte sich Blasen geholt!) oder einen kleinen Umweg auf einem befestigten Weg zu nehmen. Wir entschieden uns für die zweite Variante. Die Sonne lachte, und es wurde immer wärmer.

Unterwegs trafen wir auf Stephan, einen Flugbegleiter aus München, und so ergaben sich nette Gespräche. Ich habe ihn auf dem Weg noch zweimal wieder getroffen.

In der Abtei von Roncesvalles trafen sich nun alle Pilger, auch die, die von hier aus starten wollten, und warteten auf die Bettenzuweisung. Auch wenn die Herberge gut ausgestattet war, mir war aber nicht danach, in einem der drei Räume mit insgesamt 184 Schlafplätzen zu nächtigen. Nach der Erfahrung der letzten Nacht wollte ich einfach ein Einzelzimmer. Nachdem Bernd die Örtlichkeiten erkundet hatte, brauchte ich keine langen Überredungskünste: Wir machten uns weitere 3 km auf in den nächsten Ort. Am Ende des Ortes gab es auf der einen Straßenseite ein einfaches, aber geschichtsträchtiges, altes Hotel und auf der anderen Seite eine Pension. Ich wählte das Hotel, Bernd die Pension.

Nach ausgiebigem Duschen und in frischer Wäsche saß ich dann bei Sonnenschein im Garten des Hotels und genoss ein schönes

Glas Wein. Die Gedanken waren auf dem Pilgerweg, bei dem Unwetter und dem Leichtsinn, bei diesem Gewitter unterwegs gewesen zu sein. Ich muss hier anmerken, dass wir noch beim Abstieg zwei Hubschrauber hatten kreisen sehen. Später haben wir erfahren, dass eine Frau im Unwetter ums Leben gekommen war.

Gemeinsam nahmen wir dann am Abend das Pilgermenü im Hotel ein. Mir war nicht bewusst, dass nicht nur in den Herbergen, sondern auch in den Hotels und Restaurants am Weg immer ein Pilgermenü angeboten wurde. Oftmals war sogar eine Auswahl an Vor- und Hauptspeisen möglich. Und immer gab es Wasser und Wein dazu.

Die Frage musste geklärt werden, was mit meiner dreckigen, verschwitzten Wäsche passieren sollte, die sich ja schon etwas angesammelt hatte. Ohne lange zu zögern, nahm der Chef die Sachen an sich, und am nächsten Morgen hatte ich, gegen ein gutes Trinkgeld, meine Wäsche sauber und trocken wieder.

Ob ich wohl gut geschlafen habe?

Tag 4 27.05.2018
BURGUETE-ESPINAL-ZUBIRI-LARRASOAÑA

Unterkunft: Albergue San Nicolas
Strecke: 25 km, 400 Höhenmeter, auf und ab, 9 Stdn.

Gemeinsam frühstückten wir im Hotel und auch etwas umfangreicher als am Tag zuvor. Wir waren nicht die einzigen Pilger: Eine spanische Familie war unterwegs, wobei die alten Eltern mit dem Auto die Jüngeren begleitete. Offensichtlich waren die Hotels vorgebucht.

Es sollte ein wirklich schöner Tag werden, die ganze Zeit war uns die Sonne hold.

Gegen 08.00 Uhr starteten wir. Von einer Höhe von 900 m ging es runter auf 500 m, wobei wieder ein Pass von 800 m zu überwinden war. Der Weg führte uns durch wunderschöne Natur, herrliche Laubwälder und beschauliche Gegenden. Um die Passhöhe von Erro zu erreichen, mussten wir zunächst 900 m teilweise sehr steil und steinig bergauf gehen. Es war schon eine kleine Herausforderung, zumal man, wie so oft, das Ende nicht einsehen konnte. Immer der Gedanke: gleich geschafft! Doch dafür dann oben herrliche Ausblicke in die Landschaft.

Aber auch der Abstieg war eine Herausforderung. Zum Teil gab es sehr enge Stellen, viel Geröll und Steine, und es ging sehr steil runter. Ständiges Aufpassen und Gegensteuern erforderten viel Kraft. Dazu kam, dass ich ja auch nicht mehr ganz frisch war nach etwa 20 km Pilgern. Aber es verlief alles gut, keine Beschwerden, keine Blasen.

In dem kleinen niedlichen Ort Zubiri mussten wir dann einfach eine Pause einlegen. Es ging über eine mittelalterliche Brücke Richtung Café. Zubiri heißt auch auf Baskisch „Ort an der Brücke", wobei diese den Beinamen „Puente de la Rabia" hat, nämlich Tollwutbrücke. Die Legende erzählt, dass tollwütige Tiere, die dreimal unter der Brücke hindurchgeführt werden, von der Tollwut geheilt werden. Nun, wir sind zweimal oben drübergegangen. Und nach Kaffee und Kuchen ging es uns richtig gut. Wobei mir das erneute Lospilgern irgendwie schwergefallen ist. Die Gelenke müssen immer erst wieder in Schwung kommen.

Dieser Abschnitt des Weges war nicht so schön, denn lange Zeit ging es an einer Magnesitfabrik (Magnesiumcarbobat) mit ihren großen Lagerflächen vorbei.

Gegen 17.00 Uhr waren wir am Ziel in einer privaten Herberge. San Nicolas verfügt über 40 Betten in 8 Zimmern. Das Haus sehr gepflegt, und da nicht voll belegt, waren auch ausreichend Duschmöglichkeiten vorhanden. Bis zum gemeinsamen Abendessen habe ich mich auf der Terrasse aufgehalten. Dabei konnte ich beobachten, wie eine jüngere Frau ihre gymnastischen Übungen, einschließlich Yoga, auf einer Matte machte. Das wirkte irgendwie befremdlich auf mich. In gemütlicher Runde wurde das Pilgermenü eingenommen. Das Essen war gut und reichhaltig, es hat wirklich prima geschmeckt. Trotz Mischmasch an Kulturen, irgendwie ging die Verständigung. Ich bin sicher, der Wein trug auch zum guten Gelingen bei. Dabei stellte sich heraus, dass Pola, meine Yoga-Dame, eine Künstlerin aus Berlin ist, die ansonsten im Gespräch sehr nett war. Wir haben uns dann noch zweimal wieder getroffen. Sie hatte sich mit einem Pilger aus Holland zusammengetan.

Aber dann kam wieder die Nacht: drei Italiener, Bernd und ich. Zum Glück hatte ich diesmal das Unterbett. Ich war mir sicher, Schnarchen aus allen Betten. Sicher habe ich auch ein wenig geschlafen – vielleicht auch geschnarcht, aber am Morgen war ich nicht richtig frisch.

Der Gedanke kreiste erneut: Warum tue ich mir das an?

Tag 5   28.05.2018

LARRASOAÑA-ZABALDIKA-ARRE-PAMPLONA

Unterkunft: Albergue de Peregrinos Casa Paderborn
Strecke: 16 km, 190 Höhenmeter, auf und ab, 4 Stdn.

Bei der Vorbereitung der Pilgerreise hatte ich mir vorgenommen, nicht das morgendliche frühe Gehetze mitzumachen, sondern in aller Ruhe aufstehen, fertig machen und lospilgern. Aber das war überhaupt nicht möglich. Allein durch das frühe Aufstehen der anderen Pilger war die Ruhe vorbei, und ich wurde förmlich mitgezogen. Heute waren es die Italiener, die sehr früh anfingen, ihre Sachen zu packen. Und ganz ohne Reden geht es ja auch nicht. Was blieb anderes übrig, als sich auch fertig zu machen? Frühstück gab es in dieser Herberge nicht, nur einen Kaffeeautomaten. Also: Pappbecher gezogen und wenigstens etwas Warmes in den Magen bekommen. Und dann noch das Wetter: dunkle Wolken und Regen!

Im Poncho ging es los. Der Weg führte mal bergauf, mal bergab, an einem Fluss entlang, durch enge, verwachsene Fußwege, steinige Abschnitte, also alles, was so kommen kann. Allerdings war der Blick für die Natur unter dem Poncho nicht sehr ausgeprägt.

Nach etwa einer Stunde Pilgern kam dann der aufhellende Teil: eine Bar zum Frühstücken. Rucksack runter und Kaffee, Bocadillo, Banane bestellt. Bei schönem Wetter sicher ein romantischer Ort: am Fluss gelegen, Hügel im Hintergrund. Aber heute: grau in grau. Wobei das Wetter langsam besser wurde.

So gestärkt konnte es zum Tagesziel Pamplona weitergehen. Der Weg durch die Vororte und nur auf Pflaster war nicht so prickelnd. Aber es lässt sich nicht vermeiden, wenn man ans Ziel kommen will. Und das war die Casa Paderborn, eine öffentliche Herberge, die vom Freundeskreis der Jakobspilger in Paderborn geführt wird und in der in monatlichen Abständen erfahrene Jakobspilger aus Paderborn freiwillig ihren Dienst verrichten, in der Regel Ehepaare. Allein das Wort „deutsch" war ausschlaggebend, dorthin zu gehen. Die Begrüßung war überaus freundlich. Bernd und mir wurde wegen des „Alters" ein unteres Bett in einem 6-Bett-Zimmer zugewiesen. Und hier trafen wir dann wieder auf Stephan, den Flugbegleiter. Weitere Gäste waren ein Pastor aus Norwegen und zwei junge Frauen. Bereits kurz nach unserer Ankunft war die Herberge ausgebucht, und Pilger mussten auf andere Herbergen verwiesen werden. Es ging wirklich familiär zu; die Wäsche konnten wir abgeben, und sie wurde gegen Entgelt gewaschen und getrocknet. Da mir ein kleiner Bart gewachsen war (ich hatte bewusst weder E-Rasierer noch Klingen mitgenommen), suchte mir der Herbergsvater einen Barbier raus. Allerdings stellte sich später heraus, dass ohne Termin ein Bartschneiden nicht möglich war. Aber auch nicht so schlimm.

Nach dem Duschen (drei Kabinen und Toiletten, 26 Betten) habe ich mein Telefon ausprobiert und mit Maren gesprochen. Es war mir schon aufgefallen, dass es mir doch nicht so leichtfiel, das Smartphone nicht dabeizuhaben. Ständig war irgendein Pilger mit seinem Gerät beschäftigt. Nein, ich wollte es nicht, und es ging auch ohne!

Bernd und ich haben dann eine kleine Stadtbesichtigung gemacht. Leider war das Wetter zwar trocken, aber windig und kalt, sodass ein ruhiges Sitzen im Freien nicht möglich war. Aber es gab einige nette, alte Cafés, die zur Pause einluden. Die Straße, durch die die Stiere getrieben werden, und die Arena haben wir gesehen, ebenso das alte Rathaus, die Kathedrale, die Gassen und Plätze und weitere schöne Gebäude. Um uns zu stärken, haben wir dann das Pilgermenü in einem Restaurant in der Innenstadt auf Empfehlung der Herbergseltern eingenommen, und es war prima: Auswahl an Speisen, eine Flasche Wein für uns zwei, und das alles für 10 €!

So weit war alles gut – aber dann kam wieder das dicke Ende: die Nacht. Drei Schnarcher und eine Schnarcherin. Und wie immer: Da ich nicht schnell einschlafe, bekomme ich das ganze Konzert ab. Diesmal sogar mit einer Oberstimme! Zusätzlich wurde die Luft immer schlechter, da vor den Fenstern Holzklappen waren (Erdgeschoss, das Haus lag zwar wunderschön im Grünen, aber eine Straße führte vorbei). Ich habe den Morgen herbeigesehnt.

Nun ja, irgendwann war die Nacht vorbei, und wir wurden um 06.00 Uhr mit Musik im ganzen Haus geweckt.

Tag 6   29.05.2018

PAMPLONA–ZARIQUIEGUI–ALTO DEL PERDON–UTERGA–PUENTE LA REINA

Unterkunft: Hotel El Cerco
Strecke: 25 km, 340 Höhenmeter,
Aufstieg auf 740 m, 7 Stdn.

Inzwischen waren das Einpacken und Fertigmachen ja schon zur Routine geworden, und so war ich schnell beim Frühstück. Auch wenn es nur einfach war, so wurden wir alle von den Herbergseltern bedient. Kein Gerenne, kein Abräumen: sehr bequem.

Um 06.50 Uhr ging es dann zusammen mit Bernd auf den Weg. Zunächst natürlich durch die Stadt. Aber zu dieser frühen Zeit hatte das auch seinen Reiz: frische Luft, wenig Autos, insbesondere die Altstadt konnte ich noch mal bewundern. Nach drei Kilometern in Höhe der Universität haben wir die Stadt dann hinter uns gelassen.

Kurz darauf hat Bernd mich allein weiterpilgern lassen. Er habe Probleme mit dem Rucksack. Allerdings war mir schon aufgefallen, dass er sehr schnell außer Atem war. Bei den vorherigen Etappen ging es ja immer bergauf und bergab. Insofern konnte ich auch nicht so schnell gehen. Aber jetzt in dem Bereich mit flachen Abschnitten fiel der Unterschied zwischen uns auf. Ich hatte ja immer wieder gelesen und gehört, dass jeder seine Geschwindigkeit selber finden muss, um auch durchzuhalten. Und ich war im Flachland einfach schneller.

Das Wetter war heute ideal zum Pilgern: trocken, mal Sonne, mal Wolken. Es ging über steinige Wege, durch riesige Kornfelder, über mit Bäumen gesäumte Wege. Aber immer wieder auch heftig bergauf: Nur so war der Puerto del Perdón zu bezwingen. Ein Bergrücken von 740 m Höhe. Ein großer Windpark zu beiden Seiten des Weges. Oben auf dem Kamm ein Denkmal zur Erinnerung an ermordete Dorfbewohner der Umgebung wäh-

rend der Franco-Zeit. Der Abstieg über 3,5 km war wieder sehr anstrengend: steil und steinig, Furchen durch das Regenwasser. Um die Landschaft zu genießen, waren immer wieder kleine Stopps notwendig. Nach etwa 7 Stunden hatte ich mein Ziel erreicht und auch mein ausgesuchtes Hotel gefunden. Es lag günstig in dem Ort, fast direkt am Jakobsweg, sauberes Zimmer, große Dusche, und ich war allein.

Nach der notwendigen Körperpflege habe ich den Ort erkundet. Puente la Reina verdankt seinen Namen der mittelalterlichen Brücke über den Fluss Arga, die im 11. Jahrhundert bewusst mit dem Ziel erbaut wurde, den Pilgern das Überqueren des Flusses zu erleichtern. Und sie steht immer noch und trägt weiterhin die Pilger Richtung Westen.

Beim Rundgang durch den kleinen Ort fand ich auch einen Friseurladen. Mit Spanischbrocken und meinen Händen äußerte ich meinen Wunsch. Zumindest hatte die junge Friseurin es verstanden: Der bis dahin gewachsene Bart war anschließend ab.

Beim weiteren Bummeln durch die engen Gassen traf ich auf Bernd und andere Pilgerbrüder und -schwestern. Ein paar Regentropfen ließen uns unter einem Sonnenschirm einer kleinen Bar enger zusammenrücken. Bei einem Bier ergaben sich unterhaltsame Gespräche, und Erfahrungen wurden ausgetauscht.

Es stellte sich heraus, dass es die unterschiedlichsten Gründe für das Pilgern auf dem Jakobsweg gab. Zwei Schwestern (um die 50 Jahre, eine davon Lehrerin) gehen seit einigen Jahren immer für kurze Zeit in den Ferien gemeinsam ohne Partner den Weg und wollen irgendwann in Santiago ankommen. Sie waren beide in der Alpenregion groß geworden und somit erfahren, Wettereinflüsse besser zu beurteilen. So waren sie eben nicht bei dem drohenden Gewitter über den Pass gegangen, sondern umgekehrt und hatten sich mit dem Taxi nach Roncesvalles fahren lassen. Etwas Derartiges hatten sie vorher noch nie gemacht, aber das aufziehende Gewitter hatten sie einfach als zu gefährlich eingestuft. Was man als Flachlandtiroler dagegen einfach unbedarft macht!

Ein Pilgerbruder war für eine Woche mit einer Arbeitskollegin unterwegs. Beide arbeiten bei Mercedes in Stuttgart am Band. Sie waren mit dem Auto nach Saint-Jean-Pied-de-Port angereist.

Dabei war auch Oliver aus Hamburg, 47 Jahre, beschäftigt bei der Agentur für Arbeit (das ergab später tolle Gespräche). Er war für drei Wochen unterwegs und wollte irgendwo hinter León das Pilgern beenden. Gemeinsam sind wir dann in ein uns empfohlenes Restaurant gegangen und haben dort das Pilgermenü eingenommen – diesmal mit Bier.

Nach dem netten Abend wartete mein Hotelzimmer auf mich, und es wurde eine gute Nacht – trotz des Läutens der Kirchenglocken.

… Tag 7   30.05.2018

PUENTE LA REINA-CIRAUQUI-LORCA-ESTELLA

Unterkunft: Hotel Hospederia Chapitel
Strecke: 23 km, 380 Höhenmeter, 5 Stdn.

Pünktliches Aufstehen, 07.30 Uhr Frühstück
Es kann ja nicht immer die Sonne scheinen: Bei Regen und mit Poncho ging es um 08.00 Uhr los!
Bereits nach kurzer Zeit stellte sich wieder die Frage: warum mit Poncho? Durch das Schwitzen war alles nass, selbst in den Rucksack kroch die Feuchtigkeit. Aber das merkte ich erst am Abend in der Unterkunft.
Der weitere Weg war sehr schön. Nur ein Aufstieg nach Mañeru, danach ging es lange nicht mehr so steil bergauf oder -ab. Die Landschaft hügelig, viel Grün und viele, viele Blüten. Immer wieder zog der Duft der Blüten in meine Nase. Es war halt die ideale Zeit: später Frühling. Mein „Duft" war sicher nicht so angenehm. Es tauchten die ersten Weinfelder auf. Auf den Kornfeldern blühte vielfach der Mohn, manche Felder waren ganz rot: ein toller Anblick!
Und immer wieder erlebte Geschichte: Kurz hinter Lorca führte der Weg über eine alte, leicht zerfallene römische Brücke. Wenn man bedenkt, wie alt diese ist, und ich kann noch sicher rübergehen. Der Pilgerweg ging dann zeitweise auf den alten Pflastern einer Römerstraße weiter. Ich hätte auch nebenan einen normalen Weg nehmen können. Aber der Reiz, auf einer total unebenen, holprigen alten Straße zu gehen, war einfach da.
Nach etwa zwei Stunden hörte der Regen auf, und unter einer Autobahnbrücke habe ich eine kurze Rast gemacht, etwas getrunken und einen Apfel gegessen.
Den nassen Poncho irgendwie hinten am Rucksack befestigt. Unromantisch, aber zweckmäßig!
Aus der Unterkunftsliste hatte ich mir in Estella ein Appartementhaus ausgesucht: belegt. Doch es gab auch noch ein Hotel in

der Stadt. Es wurde mir als alt angekündigt. Aber was sollte ich machen: In eine Pilgerherberge wollte ich nicht. Also mutig hin. Das Haus lag günstig in der Altstadt und war wirklich in einem alten Gebäude. Aber innen? Toll renoviert, ganz modern, direkt neben einer großen Kirche. Was wollte ich mehr?

Nach der obligatorischen Dusche und mit frischer Wäsche erst einmal ein Gang an den Fluss und dann ein Café aufgesucht: Pause bei *café con leche*. Estella war früher eine wichtige Stadt auf dem Jakobsweg. Mit ihren engen Gassen, vielen Kirchen und einem ansehnlichen Platz in der Mitte und dem Palast der Könige von Navarra wurde sie auch Estella la Bella, Estella die Schöne genannt.

Auf dem Weg zum Abendessen in der Altstadt Oliver aus Hamburg getroffen. Bei einem Bier die Neuigkeiten ausgetauscht. Er war am Anfang der Stadt in einer neu eröffneten Pilgerherberge untergekommen und damit auch zufrieden. Bernd hatte seine Tagesetappe im Ort vorher beendet, da er Probleme mir den Füßen hatte (Blasen). Nach einem gemeinsamen Genuss des Pilgermenüs und erfrischenden Gesprächen über die Agentur für Arbeit, unser Privatleben und das Leben im Allgemeinen traten wir den „Heimweg" in unsere jeweiligen Unterkünfte an.

Tag 8　　　　　　　　　　　　　　　　　　　31.05.2018

ESTELLA-VILLAMAYOR DE MONJARDIN-LOS ARCO -TORRES DEL RIO

Unterkunft: Hostal Rural San Andrés
Strecke: 29 km, 300 Höhenmeter, 7 Stdn.

Das Hotel Chapitel ist ein richtiges Hotel mit „normalen" Gästen. Obwohl beim Frühstück um 07.00 Uhr allen Anwesenden anzusehen war, dass sie auch auf dem Camino waren, erfolgte kein Gruß, kein „Bon Camino!". Hier waren Pilger unterwegs, die den Gepäckservice in Anspruch nahmen und nur mit „kleinem" Rucksack unterwegs waren. Nach meinem Eindruck vermehrt Amerikaner mittleren Alters. Auf dem Weg dann, beim Treffen erfolgte unweigerlich der Pilgergruß.

Die heutige Etappe war vom Weg her zweigeteilt: zunächst noch hügelig mit einem kräftigen Aufstieg, dann aber auch lange flache Abschnitte. Es muss die Kornkammer Spaniens sein. An einigen Stellen so weit das Auge reichte: Getreidefelder. Und immer mal wieder ein Weinfeld, ebenerdig, nicht an Berghängen.

Es ging an drei Bodegas vorbei, wobei an der Bodega Irache nicht nur ein Wasserhahn war, sondern auch eine Zapfstelle für Wein. Eine Gruppe junger Amerikaner stand dabei und genoss den Wein. Mir war es einfach noch zu früh, und ich konnte mir auch nicht vorstellen, dass dort guter Wein aus dem Hahn fließt.

Der Weg führte nun immer weiter bergauf, vorbei an einem mittelalterlichen Maurenbrunnen bis nach einem steilen Anstieg Villamayor de Monjadin erreicht war. Eine Pause war hier einfach notwendig.

Gestern und heute bin ich ganz allein gelaufen. Und es war gut! Die Gedanken sind frei, ich nehme ungestört die Landschaft wahr, genieße die Farbenpracht der Vegetation und atme immer wieder ganz bewusst die Düfte der Blüten ein. Und trotzdem kommt nie das Gefühl der Einsamkeit auf. Ich bin ja auch nicht allein unterwegs: An weit einsehbaren Strecken kommt einem die Pilgerschar wie eine Ameisenstraße vor: Immer wieder menschliche Punkte in der Landschaft.

Die Mittagspause fand auf einer Bank am Ortseingang vom Los Arcos statt. Direkt nebenan ein kleiner Bauernhof. In dem etwas ungepflegt aussehenden Hof leben die unterschiedlichsten Tiere zusammen: Hühner, Enten, Hund, Ziegen. Ein wirklich spannend zusammengesetzter Duft. Eben ländlich.

Tagesziel: Hotel in Torres del Rio, ein kleiner Ort mit einer achteckigen romanischen Kirche aus dem 12. Jahrhundert. Allein das Ankommen verhieß Gutes. Aus dem Tal kommend führte der Weg direkt auf die Unterkunft zu. Das Tor war offen und ließ

den Blick in den Innenhof zu. Ein Wasserfall begrüßte mich aus der Ferne. Beim Näherkommen war klar, dass ein kleiner Pool hätte benutzt werden können (Wassertemperatur 14°). An der Rezeption aber die Ernüchterung: kein Zimmer mehr frei, nur noch ein Bett in der angeschlossenen Herberge. Alternativen gab es wegen der Entfernung zum nächsten Ort nicht. Was tun? In der Zwischenzeit war der Mitarbeiter mit anderen Gästen beschäftigt. Ich fragte noch mal, ob nicht doch noch ein Zimmer frei sei. Fast schüchtern gab er an, dass noch ein Studio mit Whirlpool frei sei und 120 € kosten würde. Ohne zu zögern, willigte ich ein. Ungläubig stand er vor mir und fragte nach, ob ich es ernst meine. Dann ein „uno momento". Er machte mir ein Angebot: Gutschein für das abendliche Pilgermenü, Gutschein für ein kleines Frühstück am Morgen und das Zimmer. Zusammen 100 €! Und schon war der Betrag beglichen.

Riesiges Zimmer mit Whirlpool, Bademäntel, Handtücher und (künstliche) Blume lagen bereit. Mir reichten aber auch die geräumige Dusche und das Waschbecken, um meine Wäsche zu waschen. Trockner gab es unten beim Empfang gegen Bezahlung. Hier waren auch die Gemeinschaftsduschen für die Gäste der Herberge, meine Situation war mir einfach angenehmer!

Nach getaner notwendiger „Arbeit" ging ich runter, um etwas zu trinken. Vor dem Gebäude waren Tische und Stühle aufgebaut, und wen traf ich dort: die beiden Schwestern. Sie hatten heute ihre letzte Strecke hinter sich gebracht, wollten am Folgetag wieder zurück nach Deutschland und hatten hier im Hotel das Zimmer vorreserviert. Ein freudiges Hallo.

Nun wollte ich noch wissen, wo Oliver steckte. Also angerufen über Deutschland nach Spanien in ein Zimmer hier im Hotel. Wieder ein freudiges Hallo.

Nach dem gemeinsamen obligatorischen Pilgermenü haben wir den Abend noch bei einem netten Getränk und unterhaltsamen Gesprächen ausklingen lassen.

Tag 9   01.06.2018

TORRES DEL RIO-VIANA-LOGROÑO-NAVARRETE

Unterkunft: Hotel Rey Sancho
Strecke: 34 km, 200 Höhenmeter, 8,5 Stdn.

Meinen Wecker hatte ich auf 06.30 Uhr gestellt. Hätte ich aber nicht zu tun brauchen, denn bereits vor dieser Zeit zogen Pilger am Hotel vorbei. Das Klacken der Pilgerstäbe war ein untrügliches Zeichen. Sie mussten in der Nacht aufgestanden sein, allein wenn man die Wegezeit vom vorherigen Dorf berücksichtigte.

Nach einem kleinen, für mich ja gesponserten Frühstück noch die Verabschiedung der beiden Schwestern. Dann ging es bei bestem Wetter los. Im Gegensatz zum Wetter war der Weg nicht der beste: steiniger Untergrund, Schotterpiste, enge Pfade, mal Beton und ein ständiges Auf und Ab waren schon ermüdend. Auch wenn Oliver und ich gemeinsam gestartet waren, auf dem Weg lief jeder für sich. Erst die geplante Pause mit ausgiebigem Frühstück in Viana führte uns wieder zusammen. Und wer saß bereits im Café? Stephan, der Flugbegleiter. Dies war dann allerdings unser letztes Zusammentreffen. Der weitere Weg führte nun durch abwechslungsreiche blühende Landschaft. Und immer mehr Weinfelder machten deutlich, dass wir inzwischen in der Region La Rioja waren. Das geplante Tagesziel Logroño, der Hauptstadt des Gebietes, war bereits nach 21 km mittags erreicht. Eine ausgiebige Pause in einem Restaurant in der Innenstadt im Freien machte sowohl Körper als auch Geist wieder munter, und so beschlossen wir, Oliver zunächst noch zögernd, den Weg fortzusetzen und als Tagesziel Navarrete auszuwählen.

Der Gang durch die Stadt zur Mittagzeit mit dem vielen Verkehr und Menschengedränge ist nicht sehr erholsam. Aber um weiterzukommen, mussten wir da durch.

Am Ende der Stadt ging es durch einen lang gezogenen und sehr gepflegten Park. Der Weg führte zum Stausee Pantano de la Grajera, einem Naherholungsgebiet für die Stadt. In der Ferne zogen dunkle Wolken auf, und das Gegrummel eines Gewitters war zu hören. Frohen Mutes zogen wir weiter, immer in der Hoffnung, dass das Unwetter nicht über die Berge am Horizont kam. Aber nein: Als wir am Stausee ankamen, fing es an zu pladdern. An einem der Gebäude fanden wir einen Unterstand, und es blieb uns nichts anderes übrig als abzuwarten. Zu uns gesellte sich ein älteres deutsches Ehepaar, das ganzjährig in Spanien lebt und jetzt zu einer Fahrradtour aufgebrochen war. Bei dem sich entwickelnden munteren Gespräch war das schlechte Wetter schnell vergessen, und es kam keine Langeweile auf.

Nach einem ordentlichen Anstieg und weiteren 6 km war Navarrete erreicht, und die Entscheidung, in ein Hotel zu gehen, fiel uns beiden nach der anstrengenden Etappe nicht schwer. Noch beim Einchecken erkundigten wir uns nach Waschgelegenheiten für die verschwitzten Sachen. Die überaus freundliche Mitarbeiterin gab uns eine ganz pragmatische Antwort: waschen im Waschbecken, trocknen am Handtuchhalter. Dieser ließ sich nämlich mit Strom aufheizen – und das tat er auch ganz gewaltig. Zumindest war die Wäsche bereits am Abend nach unserer Rückkehr vom Essen trocken. Und gefroren habe ich in meinem Bad dann auch nicht.

In einem kleinen, zum Hotel gehörenden Restaurant haben wir unser Pilgermenü eingenommen und es uns bei einigen Gläsern Wein gut gehen lassen. Ein Gespräch ergab sich auch mit einem aus der Schweiz stammenden Ehepaar, das bereits 34 Tage unterwegs war und auch schon Frankreich erpilgert hatte.

Zurück in meinem Zimmer musste ich feststellen, dass die Fenster zu einem Innenhof gingen, in dem der Eingang zum Restaurant lag. Was machten also die Raucher? Standen und quatschten im Innenhof unter meinem Zimmer. Aber das Gerede hat nicht lange gestört.Ich muss irgendwie kaputt gewesen sein, denn ich bin sehr schnell eingeschlafen.

Tag 10
02.06.2018

NAVARRETE-VENTOSA-NÁJERA-AZOFRA-CIRUEÑA

Unterkunft: Pension Casa Victoria
Strecke: 35 km, 300 Höhenmeter, 8 Stdn.

Um 06.45 Uhr ging der Wecker, wir hatten uns für 07.15 Uhr zum Frühstück in einer kleinen Bar direkt gegenüber dem Hotel verabredet. Das übliche „kleine" Frühstück, es musste erst einmal reichen. Das heutige Tagesziel war offen, mal sehen, wie weit und wohin mich die Beine tragen würden. Das Wetter war einfach prima: zunächst noch etwas frisch, aber die Sonne war schon da. Es ging durch Weinfelder. Einzelne Menschen waren darin beschäftigt, ein idyllisches Bild bei Ruhe und frischer Luft. Am Ende des Tages wandelte es sich: Immer mehr Getreidefelder bestimmten die Landschaft. Kastilien/León kündigte sich eben schon an.

Im zweiten Teil der 18 km langen Halbetappe war es eher flach oder ging sogar bergab. Das hatte zur Folge, dass ich Oliver

„weglief". Und so war es an mir, in Nájera ein nettes Lokal für die Mittagspause zu finden. Direkt in der Altstadt, nach Überquerung des Flusses fand ich eines. Unter einem Sonnenschirm am Wasser machte ich es mir bequem. Nachdem Oliver eingetroffen war und wir uns gestärkt hatten, musste erneut die Entscheidung getroffen werden: hierbleiben oder weiter. Es war schließlich erst Mittag. Wir pilgerten weiter.

Vorbei am ehrwürdigen Kloster Santa Maria la Real aus dem 11. Jahrhundert ging es anschließend über einen Kilometer steil bergauf – und Oliver war weg.

Durch grüne und blühende Landschaft führten gute Wege, manchmal leider direkt neben der Autobahn. Irgendwie störte diese Geräuschkulisse schon. Viel unangenehmer aber war der letzte lang gezogene, zum Teil steile Aufstieg nach Cirueña. Aus der Ferne konnte man das Ende des Berges sehen, aber es dauerte und dauerte, bis schließlich die Höhe erreicht war. Ziemlich zermürbend.

Aber dann war immer noch nicht das endgültige Ziel erreicht: die Herberge. Es ging zunächst an einem Golfplatz vorbei, dann durch ein Neubaugebiet, inklusive Immobilienblase mit vielen unvollendeten Gebäuden. Auf die Wegführung brauchte ich nicht zu achten, denn Oliver lief in Sichtweite vor mir her. Im alten

Ortskern dann endlich das Schild zur Pension. Ein Doppelzimmer war noch frei. Ohne groß zu überlegen: Das nehmen wir! Allemal besser als ein Mehrbettzimmer mit Doppelstockbetten. Das gute Gefühl steigerte sich, als ich erkannte, dass weitere Pilger abgewiesen werden mussten. Kaum waren wir in der Pension, fing es, wie auch die Tage davor, an zu regnen und zu gewittern. Das konnte mir heute aber egal sein, denn an ein Weggehen, um den Ort zu erkunden, war nicht zu denken. Die Pension lag abseits am Rand, und im Ort gab es auch nichts zu entdecken. Der Service im Haus war gut. Ich konnte meine Wäsche abgeben und bekam sie am nächsten Morgen sauber und trocken zurück.

Das Pilgermenü wurde gemeinschaftlich eingenommen. Da hauptsächlich Pilger aus den unterschiedlichsten englischsprachigen Ländern anwesend waren, überforderte mich alsbald die Unterhaltung, und es zog mich mit einem Glas Wein nach draußen.

Auch diese lange Etappe hatte ich gut weggesteckt: keine Blasen, keine Beschwerden, mir ging es gut!

Und die Nacht? Trotz Rotwein und Doppelzimmer nicht die beste. Die Geräusche im Haus und des Mitbewohners störten mich schon, ich konnte einfach nicht einschlafen. Konsequenz: Wenn es geht, Einzelzimmer.

Tag 11   03.06.2018

CIRUEÑA-SANTO DOMINGO DE LA CALZADA-GRAÑÓN-BELORADO

Unterkunft: Hotel-Restaurante Belorado
Strecke: 30 km, 270 Höhenmeter, 7,5 Stdn.

Nach einem sparsamen Frühstück ging es zeitig los. Entschädigt hat an diesem Morgen ein fantastisches Himmelsbild mit aufgehender Sonne. Der Camino führte durch weite Getreidefelder und grüne, zum Teil blühende Landschaft. Auf dieser Etappe gab es keine nennenswerten Besonderheiten. Der Weg war nicht sehr schwierig, es ging durch mehrere Ortschaften. Aber gerade hier fiel auf, dass viele Häuser verlassen waren, zerfallene Gehöfte, offensichtlich wenig Leben. Und da die Dörfer in der Regel auf Hügel gebaut waren mit nicht ebenen Straßen und Wegen, stellte sich die Frage: Wie leben die alten Menschen hier? Häufiger habe ich sie hinter ihren Fenstern gesehen, wie sie die Straße im Blick hatten. Selbst mit Rollator ist das Fortkommen schwierig, geschweige denn mit Stock bei einer Gehbehinderung. Spaziergänge erscheinen nicht möglich zu sein. Für mich ist dieses Leben nicht vorstellbar.

Das Besondere in Santo Domingo de la Calzada ist die Kathedrale, in der ein Huhn und ein Hahn gehalten werden (Austausch alle 14 Tage). In einer berühmten Legende wird der Grund für diese Merkwürdigkeit geschildert. Aber wir waren zu früh im Ort und wollten jetzt nicht eine Stunde warten und dann auch noch Eintritt bezahlen. Also flott weiter!

Kurz vor dem Tagesziel haben uns dann doch noch – trotz Gewaltmarsch – der Regen und das Gewitter eingeholt. Aber Oliver und ich haben das Beste aus der Zwangspause gemacht. Am Ortseingang von Belorado stellte sich die erste Herberge auch als Restaurant heraus. Zunächst ein Stück Kuchen mit Kaffee, später haben wir uns ein Bier gegönnt, denn das Ziel war ja fast erreicht. Nach dem Nachlassen des Regens machten wir uns auf die Suche nach Einzelzimmern. Zweimal wurden wir enttäuscht. Aber: Dreimal ist Bremer Recht! Und so fanden wir am Ortausgang direkt am Jakobsweg ein einfaches Hotel. Und hier haben wir Spanien live erlebt!

Nach dem Duschen und der Körperpflege waren Pause und Erholung angesagt. Das Wetter war weiterhin schlecht und immer wieder regnerisch, also blieb nichts anderes übrig, als im Hotel zu essen. Ab 20.00 Uhr sollte es Essen geben. Wir zwei warteten im Gastraum, Einheimische spielten Karten, Gäste kamen und gingen, um einen Kaffee oder ein Bier zu trinken. Die ganze Zeit lief der Fernseher und zeigte stundenlang Stierkämpfe. Alte Männer saßen vor dem Bildschirm. Für mich war das Töten der Stiere einfach scheußlich.

Der Hunger wurde immer stärker. Vor 20.30 Uhr passierte nichts. Dann deckte der Chef einen Tisch mit einer Papierdecke ein. Also Zeichen, dass es bald losgehen würde. Der zweite Chef kam mit einem Schmierzettel und versuchte, uns die Alternativen des Pilgermenüs aufzuzeigen. Wir trafen unsere Wahl. Kurze Zeit später kam er wieder und versuchte uns klarzumachen, dass eins der ausgewählten Gerichte nicht da sei. Und das alles mit Zeichensprache und in Spanisch, was uns spanisch vorkam. Aber irgendwie und irgendwann kamen das Essen und der Wein.
Mañana!

Tag 12   04.06.2018

BELORADO-VILLAFRANCA MONTES DE OCA-SAN JUAN DE ORTEGA-ATAPUERCA

Unterkunft: Privat vermietetes Haus
Strecke: 31 km, 385 Höhenmeter,
Anstieg auf 1160 m, 8 Stdn.

Um 07.00 Uhr sollte es Frühstück geben. Frühes Aufstehen war ich ja nun gewohnt. Mit gepacktem Rucksack trafen Oliver und ich uns vor der Tür zum Speiseraum. Abgeschlossen. Alles ruhig. Kurz überlegt, dann nahmen wir die Nottür nach draußen, in der Annahme, man habe nur vergessen, diese Tür zu öffnen. Aber weit gefehlt. Der Besitzer stieg gerade aus seinem Auto und begab sich noch etwas müde ins Haus. Er bedeutete uns, noch einen Augenblick zu warten. Was blieb uns anderes übrig? Nach Kaffee und zwei kleinen Baguettes ging es los. Dies musste bis zum „richtigen" Frühstück reichen.

Zwei Stunden später in dem Ort mit dem schönen Namen Villafranca Montes de Oca sind wir eingekehrt und haben es uns bei Spiegelei und Schinken gut gehen lassen. Die kleine Bar war reichlich von Pilgern besucht, und das freundliche Personal hatte wirklich alle Hände voll zu tun. Offensichtlich waren viele Pilger ohne richtiges Frühstück auf den Camino gegangen.

Die Stärkung war auch notwendig, denn es ging jetzt an der Kirche des Ortes beginnend innerhalb von 1200 m von 900 Höhenmetern auf 1200. In diesem kleinen Örtchen war Papst Franziskus von 1992 bis 1997 Titularbischof, ein Ehrenamt. Der Weg war eng und steil, zum Teil auch verwachsen. Immer wieder bücken und aufpassen, nicht abzurutschen. Oliver war mir natürlich entwischt. Und auch hier wieder die Wahrheit: Hinter jedem Berg kommt ein neuer Berg. Anstrengende Strecke.

Auf der letzten Anhöhe stand ein Denkmal für im Bürgerkrieg erschossene Republikaner. Nun kam noch mal eine lange, steile Senke, bis dann nach einem kleinen Aufstieg „meine" Strecke begann; etwa 8 Kilometer flach, leicht abschüssig ging es in Richtung San Juan de Ortega, wo ich Oliver wieder eingeholt hatte und wir gemeinsam am Kloster eine kurze Rast einlegten.

Als Ziel war in Atapuerca ein kleines Hotel ausgeguckt.

Nach der anstrengenden Etappe war die Enttäuschung umso größer, als die Botschaft kam: kein Zimmer mehr frei. Erschöpft ließen wir uns erst einmal an einem Zaun nieder. Plötzlich stand ein älterer Herr neben uns und deutete an: *uno momento!* Er telefonierte mit seinem Handy. Wenige Minuten später stand ein junger Spanier neben uns und erklärte in gutem Englisch, dass er Zimmer in einem renovierten Haus vermieten würde. Zwei Zimmer mit je einem Bad seien noch frei. Da gab es kein Überlegen. Nur wenige Meter vom Hotel waren wir am Ziel: ein uraltes Haus, drei kleine Schlafzimmer, drei separate Bäder, ein großer Wohnraum mit angeschlossenem Essraum im ehemaligen Tierstall. Der Futtertrog war noch da, schön dekoriert. Dicke Holzbalken an der Decke, der Fußboden knarrte: ein tolles Ambiente. Zwei Koffer standen hinter der Eingangstür, also musste noch jemand kommen. Nach einer ausgiebigen Dusche konnten wir sogar unsere Wäsche in der Waschmaschine waschen. Nasse Wäsche auf einen Ständer und raus damit vor das Haus auf die Straße.

In dem fast verlassenen Ort mit seinen zwei Pilgerherbergen, dem kleinen Hotel, einem Bäcker (Siesta von 13.00–17.00 Uhr), einer Bar und zwei Restaurants, davon eines geschlossen, sollten nur etwa 50 Menschen leben. Viele Häuser zerfallen oder am Verfallen, wie auch in vielen anderen Orten auf dem Weg. Wo also zu Abend essen? Natürlich in „unserem" Haus. Pünktlich um 17.00 Uhr standen wir beim Bäcker und deckten uns ein: Brot, Käse, Schinken, Wasser und selbstverständlich Wein.

Kaum waren wir vom Einkaufen zurück, trafen auch die anderen Gäste ein: Vater mit Tochter. Er, ein Holländer, aber seit vielen Jahren in Singapur in neuer Partnerschaft lebend und arbeitend. Sie, gerade mit der Schule fertig und auf dem Sprung zur Universität, lebt in Schottland. Nach der Begrüßung mit einem Glas Wein ergaben sich nette Gespräche, zumal beide erstaunlich gut Deutsch sprachen. Er hatte alles vorgebucht, so auch das Abendessen im Hotel. Zu zweit haben Oliver und ich dann ganz rustikal unser privates Pilgermenü zu uns genommen. Gut, dass wir zwei Flaschen Wein eingekauft hatten.

Die Wäsche vor der Tür war leider doch noch nicht trocken. Aber im Haus war noch ein geheizter unbenutzter Raum. Also den ganzen Wäscheständer dort reingestellt – und am Morgen war alles gut.

Gegen 22.00 Uhr zogen wir uns in unsere Zimmer zurück. Wie an jedem Abend habe ich mein Telefon angestellt und fand die SMS von Maren: „Papa, ruf bitte an!" Und so habe ich vom Tod meiner Cousine Heide erfahren. Damit war die innere Ruhe vorbei. Auch wenn ich im Vorfeld angedacht hatte, bei einer so eintretenden Situation weiterzupilgern, war jetzt sofort klar: Ich breche ab und kehre nach Deutschland zurück.

Tag 13   05.06.2018

ATAPUERCA-BURGOS

Unterkunft: Apart-Hotel Maria Salome
Strecke: 22 km, 100 Höhenmeter, 4,5 Stdn.

Die Nacht war unruhig und nicht erholsam. Mit seinem Smartphone hat Oliver die Heimflugmöglichkeiten geprüft, und so war klar, die Wege würden sich morgen trennen. Nach einem kleinen Frühstück in der Bäckerei Telefonat mit Ulrich. Anschließend ging es Richtung Burgos. Eine Höhe war noch zu meistern. Steinig und steil ging es über eine Anhöhe, auf der ein großes Holzkreuz stand. Das Ziel schon im Auge habend, musste ich an der Landebahn des Flughafens entlangwandern. In einem Vorort von Burgos noch mal gestärkt, ehe es galt, eine sehr langweilige Wegstrecke bei heftigem Regen zu überstehen: 4 Kilometer führte ein gepflasterter Fußweg immer am Rio Arlanzón entlang – es wollte kein Ende nehmen.

Gegen 12.30 Uhr trafen wir in dem Hotel ein, das wir als in der Innenstadt gelegen ausgemacht hatten und Oliver vorgebucht hatte. Die Zimmer waren natürlich noch nicht fertig, und so nutzte ich die Zeit, um mein Flugticket zu kaufen und den Flug zu buchen. Anschließend machte ich mich auf den Weg, um zu erfahren, wie und von wo ich morgen früh nach Madrid kommen würde. Empfohlen wurde der Bus, und so kaufte ich im Busbahnhof gleich das Ticket. Und das war gut so, denn am nächsten Morgen war der Schalter noch zu, und der Bus war ausgebucht. Das Wetter war regnerisch, deshalb nur ein schneller Rundgang durch Burgos, um 18.00 Uhr Treffen zum Essen: das letzte Pilgermenü!

Tag 14   06.06.2018

BURGOS-MADRID-FRANKFURT-BREMEN

Eigentlich wollten wir zwei am Morgen noch gemeinschaftlich frühstücken, aber die Bars in der Stadt waren alle erst im Begriff aufzumachen. Es gab einfach noch nichts. Also: Abschied nehmen, Oliver lief weiter, und ich machte mich auf zum Busbahnhof.

Die Fahrt in einem komfortablen Bus, nur drei Sitze in einer Reihe, großer Beinabstand, in jeder Rückenlehne ein Monitor. Pünktliche Ankunft am Terminal 4. Und wo war Lufthansa? Ich musste innerlich schmunzeln: Ich war so oft geflogen, hatte aber nicht daran gedacht, mich schlauzumachen, wie es hier in Madrid so läuft. Zum Glück hatte ich ausreichend Zeit, und so war der Wechsel zum Terminal 2 kein Problem.

Einchecken, Gepäckaufgabe, Flug, Wechsel in Frankfurt, Weiterflug, Ankunft in Bremen, Gepäckannahme, und das Taxi brachte mich sicher nach Hause.

Notwendiger Abbruch

Mein Ziel, Santiago de Compostela zu erreichen und einem Gottesdienst in der Kathedrale beizuwohnen, habe ich nicht verwirklichen können. Aber gerade rückblickend kann ich sagen, dass meine Entscheidung, den Weg abzubrechen, richtig war, denn ich wurde hier gebraucht.

Auf der anderen Seite ist es für mich beruhigend, feststellen zu können, dass ich doch noch einigermaßen fit bin. Der Weg war anstrengend, aber anders als geplant waren Ruhetage nicht notwendig. Beschwerden an Gelenken oder Rücken traten nicht auf, keine Blasen an den Füßen, der Rucksack war nicht zu schwer. Und wenn ich vergleiche, dass Hape Kerkeling allein bis Burgos 16 Tage benötigt hatte – und er war 36 Jahre alt bei seinem Pilgerweg –, so stehe ich doch recht gut da.

Sicher habe ich mich in den vierzehn Tagen nicht verändert, aber wertvolle Erfahrungen habe ich doch gemacht. Es ist etwas ganz anderes, zu Fuß bei gemächlicher Geschwindigkeit durch die Landschaft zu ziehen. Der Blick geht in die Natur, Farben, Formen und Gerüche werden bewusst wahrgenommen, und Zeit hat eine andere Dimension. Die Armbanduhr war nicht so wichtig, das Smartphone habe ich nicht vermisst. Der Austausch mit den Pilgerschwestern und -brüdern war entscheidend. Überrascht hat mich die Erkenntnis, dass „der Weg das Ziel ist". Nicht die alte Kirche am Weg, nicht historische Gebäude oder markante Denkmäler waren im Fokus, nein, ich habe sie wahrgenommen, aber eben nur kurz betrachtet, und weiter ging es auf dem Camino. Nun kann man sagen, dass die meisten Kirchen sowieso geschlossen waren, aber es fehlte in dem Moment auch das

Interesse, sich näher damit zu beschäftigen, was ja bei normalen Urlaubsreisen der Fall ist.

So war der Jakobsweg für mich leider schneller zu Ende als gedacht.

Ob ich wieder einsteige? Ich weiß es noch nicht.

Die Zeit wird es richten!

TEIL II
Ultreya: Immer weiter (Richtung Santiago)!

Während der ersten Euphorie beim Erzählen gegenüber der Familie, den Freunden und Bekannten war der Gedanke, doch wieder loszugehen, weit weg. Auch die Ausarbeitung der Tagebuchnotizen änderte nichts an der Grundeinstellung: Du hast 300 km geschafft, du weißt, wie es geht, du hast mal gut geschlafen, aber auch mal schlecht, du hast dich körperlich verausgabt, du hast innerlich auch mal geflucht. Also warum noch einmal losgehen? Der Reiz des Neuen, des Unbekannten war verflogen. Natürlich hat es mein Ego gestärkt, wenn insbesondere von Jahrgangsgleichen Bewunderung für die Leistung ausgesprochen wurde. Wie oft habe ich gehört: „Ja, eigentlich wollte ich das auch mal machen." Ich konnte immer nur aufmunternde Worte loswerden, Ängste nehmen und bestärken, den Camino anzugehen.

Nach einer gewissen Zeit kamen bei mir Zweifel auf. Ständig versuchst du, anderen den Weg schmackhaft zu machen. Was ist mit dir? Bist du eigentlich den Weg gegangen? Hast du dein selbst gestecktes Ziel, den Fuß in die Kathedrale von Santiago de Compostela zu setzen, erreicht? Wird nicht immer wieder von einem großen emotionalen Moment gesprochen, wenn auf der letzten Etappe kurz vor Erreichen der Stadt die Kathedrale zu erblicken ist? Und das Erlebnis des Gottesdienstes mit dem riesigen Weihrauchfass?

Nein, der begonnene Weg musste zu Ende geführt werden.

Wieder begann die Zeit des Planens. Und ich kann es nicht anders beschreiben: Es geschah in freudiger Erwartung, dass es wieder losgehen würde. Da ich meine Ausrüstung hatte, war nach der Erfahrung der zurückgelegten Kilometer nur eine geringe

Ergänzung notwendig. Zu meiner inneren Rechtfertigung: Die im letzten Jahr angeschaffte, nicht ganz billige Ausrüstung sollte sich doch auch amortisieren. Wenn das kein wichtiger Grund ist, sich erneut auf den Weg zu machen.

Über den Zeitpunkt des Pilgerns brauchte ich nicht lange nachzudenken: Aus der Erfahrung des letzten Jahres erschien mir wieder der Monat Mai als Start geeignet. Frisches Grün, noch nicht so heiß, noch Nebensaison (klingt irgendwie merkwürdig im Zusammenhang mit dem Pilgern). Auch die Chance, eine geeignete Unterkunft zu bekommen, ist natürlich in dieser Zeit deutlich höher.

Um das genaue Datum des Starts festzulegen, habe ich erst einmal Kontakt zu Oliver aufgenommen. Ich wusste, dass er einerseits schon bis León gepilgert war, andererseits wollte er auch erneut starten, um das Ziel Santiago zu erreichen. Also haben wir gemeinsam Pläne geschmiedet: mein Start am 22. Mai nach Burgos, sein Start am 28. Mai nach León. Unser Ansinnen war, am selben Tag in León zu sein und sich dann wie im Vorjahr immer wieder auf dem Camino zu treffen und den sehr angenehmen Gedankenaustausch zu pflegen und die anregenden Gespräche wieder aufzunehmen.

Jetzt ging es daran, einen Flug ausfindig zu machen und zu buchen. Und wie so oft im Leben: Es galt, eine Entscheidung zu treffen. Entweder sehr früh aufstehen, dafür jedoch am Nachmittag in Burgos einzutreffen, oder zu Hause noch ausschlafen, um dann erst am Abend am Ziel zu sein. Nun, ich habe mich für die erste Variante entschieden und später das Taxi für 5.00 Uhr für die Fahrt zum Flughafen bestellt. Mir war es dann doch wichtiger, ohne Zeitdruck anzukommen und vielleicht bei gutem Wetter die Stadt ein wenig zu erkunden und am Abend das erste Pilgermenü einzunehmen.

Beim Hotel gab es keine Alternative. Um wirklich sagen zu können, ich bin den kompletten Weg gepilgert, musste es unbedingt das Hotel sein, in dem ich die letzte Nacht vor dem Abflug im vergangenen Jahr verbracht hatte. Die Buchung ging problemlos über die Bühne. Ob es auch dasselbe Zimmer sein würde?

Die Vorbereitung war unspektakulär. Zwei längere Wanderungen um den Werdersee, um die Wanderschuhe zu testen, konnte ich erfolgreich ohne Beschwerden absolvieren. Einen Gang mit Rucksack habe ich nicht durchgeführt, ich vertraute auf die positiven Erfahrungen der ersten Wegstrecken im letzten Jahr.

Der Rucksack ist gepackt, die Bekleidung liegt bereit. Es soll losgehen.

Ja, wirklich: Die Zeit hat es gerichtet!

Der Weg

Tag 1   22.05.2019

BREMEN-MÜNCHEN-MADRID-BURGOS

Unterkunft: Apart-Hotel Maria Salome

Trotz der guten Erfahrungen aus dem letzten Jahr ließ sich eine gewisse Aufregung nicht unterdrücken. Bereits vor 4.00 Uhr fiel mein Blick auf den Wecker, und an Schlaf war nicht mehr zu denken. Oder lag es daran, dass ich am Abend bewusst kein Glas Wein getrunken hatte? So kam es, dass ich viel zu früh fertig war und unten vor dem Haus auf das Taxi gewartet habe. Wie im Vorjahr hatte ich sowohl Armbanduhr als auch Smartphone zu Hause gelassen. Ich wollte wieder einfach weg sein und mich durch die Uhrzeit nicht beeinflussen lassen. Aber ich sollte an dieser Stelle gleich anmerken: Gut, dass es Pilgerbrüder gab, die diese Utensilien dabeihatten. Gegen Ende der Pilgertour war zumindest ein Smartphone mehr als hilfreich. Aber dazu später mehr.

    Auf dem Flug nach München kam kurz vor der Landung die Ansage, man möge doch in die Lufthansa-App schauen, ob sich eventuell das Abfluggate für den Anschlussflug geändert habe. Ist man wirklich ohne die entsprechenden Geräte schon ein Exot? Was empfinden die Mitmenschen, die sich den Umgang mit den neuen Medien nicht zutrauen? Was mich betraf, alles war gut. Bei ausreichender Umsteigezeit konnte ich gelassen das Abfluggate nach Madrid aufsuchen.

In Madrid angekommen war mir bewusst, dass ich den Terminalbereich mit einem Shuttlebus wechseln musste, um zu meinem gebuchten Bus für die Fahrt nach Burgos zu kommen. Pünktlich ging es mit dem komfortablen Reisebus los, und bei herrlichem Wetter genoss ich die Fahrt. Ja, das Gefühl, bald wieder dort zu sein, wo es im letzten Jahr geendet hatte, wo es nun aber wieder losgehen sollte, war schon ein besonderes. Am Busbahnhof in Burgos das erste Mal den Rucksack wieder auf dem Rücken: Keine Zweifel, keine Gedanken daran, was andere Menschen wohl über mich denken. Selbstsicher, was das Handling, zielstrebig, was den Weg ins Hotel anging. Ich war jetzt wieder ein Pilger!

Freundlicher Empfang in dem kleinen Hotel durch eine junge Dame, die weder Deutsch, noch Englisch und auch nur gebrochen Spanisch sprach. Sie zeigte mir das, nein, mein Zimmer. Es war dasselbe Zimmer wie im letzten Jahr, unter dem Dach mit einem Dachfenster. So konnte ich wieder vom Bett aus den Nachthimmel betrachten. Unter diesen Voraussetzungen kann ich mit Fug und Recht sagen, dass ich den Camino komplett ohne Lücken gelaufen bin.

Den Nachmittag habe ich genutzt, um diesmal die Altstadt bei wunderschönem Wetter zu erkunden und mir in aller Ruhe die aus dem 13. Jahrhundert stammende Kathedrale von außen und innen anzuschauen. Abgeschlossen habe ich den Rundgang mit der Einnahme des ersten Pilgermenüs. In Anbetracht des ersten echten Pilgertages, der vor mir lag, habe ich mich frühzeitig auf mein Zimmer im Hotel zurückgezogen.

Tag 2   23.05.2019

BURGOS–RABÉ DE LAS CALZADAS–HONTANAS

Unterkunft: Albergue El Puntido
Strecke: 32 km, 100 Höhenmeter, 6,5 Stdn.

Bereits im letzten Jahr hatte ich die Erfahrung gemacht, dass frühes Losgehen erhebliche Vorteile hat: klare morgendliche Luft, erträgliche Temperatur, frühes Ankommen. Aber oftmals bedeutet es dann aber auch, dass erst später gefrühstückt werden kann. So auch der Start heute: Um 6.45 Uhr bin ich losgegangen. Zu dieser frühen Zeit sind die Café-Bars eben noch nicht geöffnet. Es halfen ein Müsliriegel und ein Schluck Wasser. Bereits nach wenigen Schritten war mir klar: Es ist ein gutes Gefühl, wieder auf dem Camino zu sein.

Euphorisch bin ich die Strecke angegangen. Die ersten Kilometer waren relativ eben, nur geringe Steigungen, kleine Hügel. Dieser Verlauf kommt mir ja entgegen, lange Schritte, gutes Vorwärtskommen.

Landschaftlich deutete sich schon die Meseta an, eine Hochebene bei etwa 800 Metern mit wenig Baumbestand, dafür viel Getreideanbau. Meseta, der Name spricht für sich: Tisch, Platte, Ebene. Die herrlichen rot blühenden Felder waren einfach wunderschön anzusehen. Sie sind nur durch Steinwälle unterbrochen, der Blick geht weit in die Landschaft. Zum Glück war am Himmel an diesem Tag ein Sonne-Wolken-Mix, sodass immer wieder Schatten vorhanden war. Trotzdem habe ich mir gleich am ersten Tag des Pilgerns einen Sonnenbrand am linken Arm zugezogen. Ich hätte besser an das Auftragen einer Sonnenschutzcreme denken sollen.

Nach etwa 25 Kilometern wurde es deutlich hügeliger, und meine Kräfte ließen nach. Ich schlich mehr oder weniger durch die Landschaft, immer in Gedanken: „Wann kommt endlich mein Zielort?" Zweifel kamen auf. War die erste Etappe zu lang, die Vorbereitung nicht ausreichend? Im letzten Jahr war ich deutlich mehr und auch mal mit Gepäck zum Eingewöhnen gelaufen. In den Ort Hontanas ging es erfreulicherweise bergab, und etwas Schwung kam wieder in die Glieder.

Die Herberge hatte zum Glück auch Einzelzimmer. Und da ich trotz allem sehr früh da war, konnte ich mich bald auf einem Bett in aller Ruhe und für mich allein ausstrecken. Nach der Dusche in der noch leeren Gemeinschaftsdusche und mit frischen Sachen am Körper hat dann das erste Bier draußen am Tisch an der Straße einfach nur gutgetan. Und dann zu erleben, dass weitere Pilger auch erschöpft aussehend entweder bei der Herberge hielten oder doch noch weiter in den Ort gingen, baute mich zusätzlich wieder auf. Ich war offensichtlich nicht der Einzige, der seine Glieder spürte. Beim gemeinsamen Abendessen war wieder viel Unterhaltung angesagt. Mir gegenüber saß ein Paar aus Australien. Obwohl es doch in deren Heimatland unzählige Möglichkeiten zum Wandern gibt, war für mich die Frage, was sie reizt, die weite Anreise auf sich zu nehmen und den Weg hier in Spanien zu gehen. Die Antwort war einleuchtend: Zum einen war es natürlich die Möglichkeit, einen alten Pilgerweg zu gehen. Zum anderen war aber insbesondere die europäische Kultur Motor für den Aufbruch: die alte Geschichte zu erleben und die alten Gebäude zu bestaunen.Die beiden waren sich bewusst, wie kurz dagegen doch die Geschichte ihres Landes ist.

Da die Mehrheit der Essensgemeinschaft aus dem englischsprachigen Raum kam, war es kein Wunder, dass mit dem weiteren Genuss des Rotweines die Sprachgeschwindigkeit immer mehr zunahm, was mich bewog, die Gesellschaft zu verlassen und nach einem kleinen Spaziergang im Ort mein Zimmer aufzusuchen.

Diese Etappe war aber nur der Vorgeschmack, die eigentliche Bewährungsprobe sollte noch kommen.

Tag 3   24.05.2019

HONTANAS–CASTROJERIZ–BOADILLA DEL CAMINO

Unterkunft: Hotel en el Camino
Strecke: 30 km, 100 Höhenmeter, 6,5 Stdn.

Um der nachmittäglichen Hitze zu entgehen, wollte ich früh losgehen, und so war der Wecker auf 5.30 Uhr gestellt. Aber zu dieser Zeit war es noch dunkel und so verrückt, im Dunkeln zu gehen, wollte ich denn nun doch nicht sein. Also wieder umgedreht und noch ein wenig weitergeschlafen. Nach einem kleinen Frühstück brach ich dann um 7.00 Uhr auf.

Nach wenigen Kilometern ging es an den beeindruckenden Ruinen des Klosters San Antón aus dem 14. Jahrhundert vorbei. Das Kloster hatte es sich zur Aufgabe gemacht, Pilger zu versorgen, die an Lepra litten. Im Mauerwerk sind noch zwei Einbuchtungen damals bestehender Öffnungen zu erkennen, durch welche die Kranken ihr Essen bekamen.

In Castrojeriz, nach gut zwei Stunden Pilgern, habe ich erst einmal ausführlich gefrühstückt. Der Ort zieht sich lang um einen Hügel hin, auf dem eine große Festungsruine thront. Die Stärkung war notwendig, denn nun musste ein ein Kilometer langer Weg mit 12 % Steigung bezwungen werden. Und ich sollte feststellen, dass ein Kilometer eben nicht immer ein Kilometer ist. Er wollte nicht enden! Als Ausgleich gab es nach Überwindung des Tafelberges einen herrlichen Blick in die Ferne. So weit das Auge sehen kann, wiegen sich die Getreidefelder. Bei dem Anblick kommen wirklich dichterische Gedanken. Unterbrochen wird die Weite, die Terra de Campos, durch einzelne Kugelberge.

Da auf dieser Strecke auch wieder Schatten Mangelware war, brannte die Sonne, allerdings jetzt auf eingecremte Arme. Der breitkrempige Hut schützte Kopf und Nacken. Die heutige Tages-

etappe habe ich deutlich besser bewältigt als die am Tag zuvor. Ziel war eine Pilgerherberge mit angeschlossenem Hotel. Nach Ankunft in der Herberge schickte man mich über die Straße in ein separates Gebäude, äußerlich alt und wenig ansprechend, aber im Inneren frisch und hell. Leider wurde mir angedeutet, dass kein Zimmer mehr frei sei. Aus den Erfahrungen des Vorjahres hatte ich keine große Lust, zurück in die Herberge zu gehen, um im Mehrbettzimmer zu übernachten. Das Verdauen dieser Nachricht dauerte eine Weile, als mir plötzlich die Person an der Rezeption ein Zimmer anbot, allerdings ohne eigenes Bad. Mit Freude nahm ich das Angebot an. Es war ein Zimmer unter dem Dach, die Dachbalken machten den Raum sehr niedrig, nur im Bereich der Tür konnte ich aufrecht stehen. Aber ich hatte mein eigenes Zimmer. Und die Toilette, die Dusche? Ich konnte mir jeweils eine von drei auswählen. Der Dachboden war ausgebaut, und es standen gut 10 Betten für Pilger darin. Für den ganzen Bereich gab es großzügige Wasch-, Dusch- und Toilettengelegenheiten. Da dieser Raum noch nicht genutzt wurde, hatte ich also auch meine eigenen sanitären Einrichtungen.

Beim gemeinsamen Genuss des Pilgermenüs in der Herberge gab es wieder interessante Gespräche.

Zurück in meinem Zimmer konnte ich durch das Dachfenster ein Storchennest auf dem Kirchturm beobachten. Es war spannend zu sehen, wie die Jungen gefüttert wurden. Interessant war bei dem an diesem Tag heftigen Wind, wie die Störche den Anflug auf das Nest meisterten. Oftmals waren mehrere Anflüge notwendig. Auffällig war, dass sich in dieser Gegend auf fast jedem Kirchturm ein oder zwei Storchennester befanden. Mir fehlten eigentlich die Feuchtwiesen, so wie es bei uns üblich ist, um ausreichend Nahrung zu generieren. Doch ich durfte erfahren, dass sich die hiesigen Störche überwiegend von kleinen Mäusen ernähren – und die gab es bei den ausgedehnten Getreidefeldern sicher reichlich.

Tag 4   25.05.2019

BOADILLA DEL CAMINO–FRÓMISTA–CARRIÓN DE LOS CONDES

Unterkunft: Hotel Real Monasterio de San Zoilo
Strecke: 26 km, 70 Höhenmeter, 6 Stdn.

Am Morgen ging es wieder pünktlich ohne Frühstück los. Es war noch komplett windstill, die Getreidefelder lagen ruhig in der Landschaft. Das durchgehende Grün wurde immer wieder durch intensives Rot der Mohnblumen unterbrochen. Mit aufsteigender Sonne stellte sich auch wieder der Wind ein.

Mehrere Kilometer führte der Weg direkt neben dem Canal de Castilla entlang. Er war im 18. Jahrhundert ein Meisterwerk der Baukunst und sollte als Transportweg dienen. Heute wird durch den Kanal in weiten Teilen der Tierra de Campos die Bewässerung der Felder sichergestellt. Viele kleine Kanäle reichen tief ins Hinterland. Auf dem Pilgerweg wird man ständig vom Fließen von Wasser begleitet, da immer irgendwo ein kleiner Wasserlauf an den Feldern zu erkennen ist. Durch einfache Schotte wird das Wasser bei Bedarf auf die Felder geleitet.

Nach eineinhalb Stunden Pilgern ausgiebiges Frühstück in einer Café-Bar in Frómista. So gestärkt entschloss ich mich, einen kleinen Umweg einzulegen. Der eigentliche Weg führt für etwa 20 Kilometer direkt an einer viel befahrenen Autostraße entlang. Dieser Teil wird auch „Pilgerautobahn" genannt und ist nicht sehr erbaulich, zumal er schnurgerade verläuft. Also insgesamt zermürbend und nicht sehr interessant. Nun gibt es für zwei Drittel des Weges aber eine Alternative, die abseits der Straße zwischen Feldern und teilweise an einem Fluss verläuft. Da ich diese Alternative gewählt hatte, brauchte ich zwar nur 5 Kilometer neben der Straße zu gehen, aber trotzdem: Es macht wirklich keine Freude, ständig die Autos an sich vorbeiflitzen zu sehen. Der Lärm, der Gestank, die Unruhe: Das alles gehört einfach nicht zum Pilgern!

Umso erfreuter war ich, als der Zielort erreicht war.

Oder sollte es vielleicht doch noch nicht der Zielort sein? Da ich früh morgens losgegangen war und mich ja nur in ebenem Gelände bewegt hatte, wo ich sehr flott unterwegs bin, hatte ich Carrión de los Condes bereits um 14.00 Uhr erreicht. Sollte ich die 18 Kilometer durch die Meseta, ohne Ortschaften mit wenig Schatten bei der Hitze weitergehen? Ich lief durch den Ort, überquerte auf einer alten römischen Brücke den Fluss Carrión und fand am Ortausgang einen wunderschönen schattigen Rastplatz.

Hier habe ich erst einmal Pause gemacht, etwas getrunken und gegessen und mich nur erholt.

Aufgefallen war mir, dass während der ganzen Zeit der Pause nicht ein einziger Pilger an mir vorbeigezogen war. Offensichtlich scheuten alle die nachmittägliche Hitze und den langen einsamen Weg. Wenn ich losgegangen wäre, wäre ich offensichtlich der Letzte auf dem Weg gewesen. Ich malte mir aus, wie ich im Notfall Hilfe hätte holen können. Dann kam mir der Gedanke, in den Herbergen des ersten Ortes nach dieser angedachten Strecke nach freien Betten zu fragen. Und siehe da: Die Entscheidung, weiterzugehen oder hierzubleiben, wurde mir abgenommen, weil alle Betten belegt waren.

Direkt am Rastplatz lag hinter dicken Mauern im ehemaligen Kloster San Zoilo ein Hotel, das sich in dieser Situation einfach anbot. Es war zwar kein Pilgerhotel im eigentlichen Sinne, aber etwas Komfort vor der erwarteten harten Etappe konnte nicht verkehrt sein. Dass man auf Pilger nicht eingestellt war, konnte man an der Frühstückszeit erkennen: nicht vor 8.00 Uhr. Also blieb mir nichts anderes übrig, als nach Körperpflege und kurzer Pause in die Stadt zu gehen, um etwas zum Essen für den nächsten Morgen zu erwerben. Aber es war Samstag und Nachmittag. Und selbst in Spanien haben die kleinen Geschäfte geschlossen. Nur ein Supermarkt war offen, und hier trafen sich dann auch weitere Pilger.

Nach dem Einkauf von zwei Äpfeln und etwas Teigigem (schmeckte am Morgen wirklich nicht!) genoss ich in der Stadt ein Bier zusammen mit Mitpilgern. Es ist immer wieder ein fröhliches Hallo oder Olá, wenn man sich unterwegs erneut trifft.

Das Hotel selbst ist schon etwas Besonderes. Die alte Klosteranlage wird überall deutlich: ein Kreuzgang, zwei wunderschöne Innenhöfe, knarrende Dielen in den Treppenhäusern, Wandverzierungen, dicke Mauern, dabei gediegene Einrichtung in großzügigen Räumen. Ein gepflegter Park lud zu einem kleinen Spaziergang ein. Es war schon ein Ort zum Wohlfühlen. Diese Erfahrung beschreibt auch Hape Kerkeling in seinem Buch „Ich bin dann mal weg". Nach dem Abendessen, allein, habe ich mich auf mein Zimmer zurückgezogen und den Wecker auf 6.00 Uhr gestellt. Ich wollte mit dem Hellwerden losgehen.

Tag 5   26.05.2019

CARRIÓN DE LOS CONDES–CALZADILLA DE LA CUEZA–SAHAGÚN

Unterkunft: Hospedería de las Monasterio Benedictinas
Strecke: 41 km, 55 Höhenmeter, 9,5 Stdn.

So war es dann auch: Um 6.30 Uhr habe ich das Hotel verlassen. Es sollte eine harte Bewährungsprobe auf mich zukommen.
    Es galt, das Herzstück der Meseta zu durchpilgern. Kilometerlanger gerader, schattenloser Schotterweg. Endlose Weite, kein Baum bis zum Horizont. Es ist in etwa vergleichbar mit der Landschaft bei uns im Norden: Man sieht bereits am Morgen, wer abends zu Besuch kommt.
    Doch faszinierend war der Sonnenaufgang: Wie am Meer taucht die Sonne am Horizont auf, allerdings viel klarer, erst nur eine Krümmung, dann der ganze Ball. Mein Körperschatten ist riesig lang. Nach zwei Dritteln des Weges macht ein kleiner Unterstand Hoffnung, dass es bald geschafft ist. Aber weiterhin ist nichts von irgendeiner Ansiedlung zu sehen. Die Sonne scheint immer heißer. Irgendwann, fast schon nicht mehr dran glaubend, nehme ich in der Ferne einen Kirchturm wahr. Sollte es überstanden sein? In der Tat: Nach etwa 3 Stunden geht es von der Hochebene (800 m) ins Tal, und direkt vor mir liegt eine Herberge mit einer Café-Bar, die gerade geöffnet wird. Es sind noch keine Gäste da. Ich bin offensichtlich der Erste, der die Hürde heute genommen hat. Aber das verwundert nicht. Ich hatte mit dem ersten Tageslicht meine Unterkunft verlassen, und das Hotel lag ja direkt am Beginn der Etappe, während die im

Ortskern von Carrión untergebrachten Pilger die Wegstrecke bis zu meinem Hotel erst hinter sich bringen mussten.

Erschöpft und zufrieden, die richtige Entscheidung getroffen zu haben, den Weg erst heute gegangen zu sein, machte ich eine ausgiebige Pause, frühstückte und begrüßte immer mehr ankommende Pilger.

Auf dem weiteren Pilgerweg war ich ziemlich allein, was in der Regel sehr ungewöhnlich ist. Aber am heutigen Tag gab es eine Erklärung. Nach der langen Pause war ich einer, der mit als Erster wieder aufgebrochen war. Die Pilger, die in den folgenden Ortschaften genächtigt hatten, waren natürlich schon wieder auf dem Camino unterwegs. Trotzdem: immer wieder ein etwas unsicherer Blick. Bin ich noch richtig? Habe ich ein Zeichen übersehen? Total ungewohnt, keine Pilger auf dem Camino zu sehen.

Das Tagesziel sollte entweder Moratinos oder San Nicolás sein, damit maximal 34 Kilometer. Aber in beiden Ortschaften mit ihren Herbergen war kein Bett mehr frei – auch nicht in einem Mehrbettzimmer. Was blieb mir übrig, als einfach weiterzugehen, etwa 7 Kilometer nach Sahagún. Auch wenn der Weg sehr eben verlief, war jetzt jede Steigung selbst über eine Autobahn oder Zugstrecke fast zu viel.

Als Unterkunft hatte ich mir eine einfache Herberge im Kloster ausgewählt. Sie lag auch noch fast am Ende der kleinen Stadt. Und dann das: Die vorhandenen Zimmer waren alle vergeben, in einem Saal wollte ich nicht nächtigen. Nicht weit entfernt, aber ein Stück des Weges wieder zurück, war ein kleines Hotel. Auch hier war alles belegt. Der Besitzer geht mit mir auf die Straße, um mir den Weg zu einem weiteren Hotel zu beschreiben. Da werde ich auf der Straße von einem jungen Italiener angesprochen, ob ich ein Zimmer suche. Überrascht bejahe ich diese Frage, und er teilt mir mit, dass er ein Zimmer in der Kloster-Herberge gebucht und auch schon bezahlt habe, er das Zimmer aber nicht mehr benötige. Gemeinsam gehen wir zurück, besprechen den Sachverhalt mit der Herbergsleitung, und schon habe ich ein Zimmer. Da er von mir kein Geld haben will, verabreden wir uns zum Abendessen in der Stadt, und er wird von mir eingeladen. Ich kann immer wieder nur sagen: Das ist der wahre Camino! Das macht auch den Reiz des Pilgerns aus. Man fühlt sich nie allein gelassen.

Die Unterkunft war einfach, zwei Spannbetttücher, eine Decke, kein Kopfkissen, dünne Wände. Den Gesprächen im Nachbarzimmer konnte ich mangels Fremdsprachenkenntnis nicht folgen. Um 22.00 Uhr wurde das Kloster abgeschlossen. Aber nach der Strapaze, dem guten Essen und dem Wein war die Bettschwere da, und ich lag um 21.00 Uhr im Bett. Ich war für eine weitere Nacht in meinem eigenen Reich.

Tag 6 27.05.2019

SAHAGÚN–EL BURGO RANERO–RELIEGOS–MANSILLA DE LAS MULAS

Unterkunft: Hotel Rural El Puente
Strecke: 37 km, 50 Höhenmeter, 8,5 Stdn.

Es sollte heute eigentlich ein nicht so langer Weg werden, aber ein Plan stimmt nicht immer mit der Wirklichkeit überein. Pünktlich um 6.30 Uhr ging es wieder ohne Frühstück los. Ich wollte noch einmal den Sonnenaufgang in der Ebene erleben. So war dieses Naturschauspiel auch wieder faszinierend. Aber nicht nur die Sonne begeisterte mich, sondern auch der Körperschatten, der mit der Zeit immer etwas kleiner wird. Allein die Konzentration auf diesen Vorgang lässt mich innerlich ganz ruhig werden. Die Natur bewusst zu erleben ist eines der Ziele auf dem Camino.

Nach zwei Stunden folgte dann wieder ein ausgiebiges Frühstück.

Die Landschaft begann sich zu verändern. Offiziell war weiterhin Meseta, aber es wurde leicht hügelig, und ganz am Horizont tauchten die ersten Berge auf.

Zielort des heutigen Tages sollte eigentlich Reliegos sein. Schließlich sind 30 Kilometer genug. Aber wie schon angedeutet: Es kommt manchmal anders, und weitere 7 Kilometer warten darauf, bezwungen zu werden. In Reliegos wurde mir nur noch ein Mehrbettzimmer angeboten, aber dafür war ich nicht bereit. Also weiter! Am Dorfende erst einmal provisorisch am Straßenrand eine Pause eingelegt. Ein freundlicher amerikanischer Pilger ohne Gepäck(!) machte mir Mut. Mit dem Gedanken an ein schönes Zimmer stieg die Motivation, Kräfte wurden mobilisiert. Doch wie schon einmal erwähnt: Selbst kleine Steigungen über Straßenüberführungen wurden zur Herausforderung.

Und dann das Ankommen in Mansilla: Eine als gut beschriebene Herberge war ausgebucht. Der nette Hinweis, in der Nachbarschaft würden privat Betten vermietet, half nichts, da auch hier alles belegt war. Ich konnte und wollte nicht weitergehen, und so habe ich erst einmal zum Telefon gegriffen und die beiden ortsansässigen Hotels angerufen. Nach einer ersten Absage, fallender Stimmungslage und um sich greifender Erschöpfung dann die Zusage eines Zimmers. Dadurch aufgemuntert fand ich schnell das kleine Hotel. Es gab sogar eine Waschmaschine. Also, schnell geduscht, frische Wäsche angezogen und die Waschmaschine in Betrieb gesetzt. Währenddessen habe ich mir ein großes gezapftes Bier gegönnt und im Innenhof auf das Ende des Waschvorgangs gewartet. Das Trocknen auf einem Wäscheständer hat bei den hohen Temperaturen super funktioniert. Auch wenn das Pilgermenü in der Gaststätte des Hotels nicht das beste war, so gelang schließlich mit einem Glas Wein doch ein versöhnlicher Tagesausklang.

Tag 7   28.05.2019

MANSILLA DE LAS MULAS–LEÓN

Unterkunft: Hostal Guzman El Bueno
Strecke: 18 km, 60 Höhenmeter, 4 Stdn.

Aus gestriger Sicht war, was die Wegstrecken der letzten beiden Tage angeht, „das Glas halb leer", aus heutiger Sicht aber „halb voll". Durch die zusätzlich gelaufenen Kilometer war ich jetzt relativ dicht an León, und das bedeutete, dass ich sehr früh dort ankam. So hatte ich Zeit, mir die Stadt in aller Ruhe anzusehen. Kurz vor dem Ziel konnte man von einem Hügel aus bei guter Sicht die Kathedrale inmitten der Häuser erkennen. Auch wenn alles sehr nah aussah, es waren immer noch fünf Kilometer bis zum Ziel.

Die Unterkunft war vorgebucht, und bei meiner Ankunft noch vor dem Mittag war mein Zimmer erstaunlicherweise schon bezugsfertig. Verwundert hat mich allerdings die Ansage der Chefin, ich möge meinen Rucksack in eine große Plastiktüte stecken. Sie machte noch die Bemerkung, dass es nicht gegen mich gerichtet sei, sondern alle Pilger müssten so verfahren. Später habe ich erfahren, dass Oliver, der ja auch mit Rucksack angereist kam, keinen Plastiksack zu nutzen brauchte. Nachdem sie mich im Zimmer wieder allein gelassen hatte, musste ich innerlich schmunzeln: Wie sollte ich jetzt an meine Sachen kommen? Also, alles wieder raus aus dem Sack!

Die wichtigste Sehenswürdigkeit der Stadt, die bereits zur Zeit der Römer bestand, um 1000 n. Chr. zur Hauptstadt des Königreiches Asturien ernannt wurde und deren Hochzeit somit mit der Blütezeit des Pilgerns zusammenfiel, ist die Kathedrale. Mein Schwung wurde gebremst, als ich vor verschlossenen Türen stand. Ein oftmals erlebtes Phänomen: verschlossene Kirchentüren. Die Kathedrale öffnete erst wieder um 16.00 Uhr. So war jetzt Zeit, die Altstadt zu begehen, in einem Café eine Pause einzulegen und später auch noch bei einem Bier das Treiben auf dem Platz vor der Kirche zu beobachten.

An dieser Stelle muss ich nun die Geschichte mit Oliver einfügen. Wie in Teil I dargelegt, sind wir im vorigen Jahr meine letzten Strecken gemeinsam unterwegs gewesen. Oliver ist noch weiter bis León gepilgert, dann war die Urlaubszeit für ihn zu Ende. Durch regelmäßige telefonische Kontakte hat sich im Laufe des Jahres herausgeschält, dass wir beide die jeweils restlichen Strecken wieder angehen wollten. Und so ergab sich die Absprache, dass wir uns in León treffen wollten: Ich kam pilgernd dort an, er mit dem Flieger nach Madrid und weiter mit dem Zug ans Ziel. Da seine Ankunft im Hotel gegen 17.00 Uhr erfolgen sollte, war ich natürlich vor Ort und eine herzliche Begrüßung leitete den erneuten Beginn erfolgreicher Pilgertage ein.

Drei Dinge standen an: der Besuch der Kathedrale, die Suche nach einem Pilgerstab und ein gemeinsames Essen in der Altstadt.

Das Aufsuchen der Kathedrale ist weniger ein Kirchenbesuch als vielmehr ein Besuch in einem Museum. Das im 13./14. Jahrhundert durchgehend in französischer Gotik erbaute monumentale Gebäude ist schon beeindruckend. Insbesondere die großen Fensterflächen der 200 (!) Fenster lassen viel Licht einfallen.

Burgos, León und später Santiago: Wo steht die schönste Kathedrale? Diese Frage kann ich nicht schlüssig beantworten.

Das Finden eines Pilgerstabes war schon eine aufwendige Sache. Oliver konnte wegen der Frachtbegrenzung im Flugzeug keinen Stab mitbringen. Da er im letzten Jahr gute Erfahrungen mit der Nutzung eines Stabes gemacht hatte, musste wieder ein neuer her. Aber woher nehmen? Im Hotel wurden uns einige Adressen von entsprechenden Geschäften gegeben, aber in keinem dieser Häuser gab es Pilgerstäbe. In der Altstadt in einem Outdoorladen standen hinter der Kasse drei Stäbe. Aber der Inhaber wollte keinen rausgeben, da diese alle vorbestellt seien. Enttäuscht zogen wir weiter. Später, nachdem wir die anderen Geschäfte frustriert hinter uns gelassen hatten, kamen wir noch mal an dem Laden vorbei. Erneutes Fragen kann ja nicht schaden. Und siehe da: Diesmal war die Besitzerin mit im Laden und nach einem netten Plausch ging ein Stab für 10 € über den Ladentisch. Oliver wollte vor Freude 15 € hinlegen, aber nein, es blieb bei den verlangten 10 €. Oliver war erleichtert, und jetzt konnte der Camino durch ihn weiter bezwungen werden.

Blieb noch das Essen. Bei meinem Durchstreifen der Altstadt am Nachmittag hatte ich einen kleinen Platz mit mehreren Lokalen bemerkt, und da zog es uns hin. Bei ein paar Bieren und leckerem Essen wurde viel gequatscht, Erinnerungen an das gemeinsame Pilgern im letzten Jahr wurden geweckt und das weitere Vorgehen für den nächsten Tag besprochen.

Tag 8   29.05.2019

LEÓN–LA VIRGEN DEL CAMINO–VILLAR DE MAZARIFE–VILLAVANTE

Unterkunft: Hostal Rural Villavante
Strecke: 32 km, 100 Höhenmeter, 7,5 Stdn.

Die Nacht war etwas unruhig, vielleicht ein Bier zu viel, aber insbesondere der Knoblauchgeschmack von einer Sorte Tapas war anhaltend im Mund.

Wie vereinbart ging es um 7.00 Uhr los. Das Frühstück musste noch warten und wurde erst nach einer ordentlichen Strecke in La Virgen del Camino eingenommen. Bereits am Vorabend hatten wir die Entscheidung getroffen, von zwei möglichen Wegealternativen den etwa 3,5 Kilometer längeren Weg zu nehmen. Die schlechtere Alternative führte über 25 Kilometer immer an einer fast gerade verlaufenden Straße entlang – und davon hatten wir beide nach Erfahrung einer Wegstrecke vor León die Nase voll. Also lieber etwas mehr an Strecke laufen, dafür aber in abwechslungsreicher Umgebung. Und so sollte es auch kommen. Der Weg führte durch hügeliges Gelände, es gab mal Getreidefelder, mal natürliche Landschaft, mal blühende und duftende Lavendelbereiche. Mehrere kleine Ortschaften wurden passiert, die angetroffenen Autos konnte man an zwei Händen abzählen. Es war ein Weg für alle Sinne. Da neben flachen Strecken auch einige Steigungen zu bewältigen waren, beschränkte sich das gemeinsame Gehen immer nur auf kurze Zeitabschnitte. Das war die Erfahrung aus dem letzten Jahr, und so sollte es diesmal auch weitergehen. In flachen Abschnitten war ich schneller, am Berg lief Oliver mir davon.

Als Zielort war auf der Karte Villavante ausgeguckt. Hier gab es zwei privat geführte Unterkunftsmöglichkeiten mit jeweils auch Einzelzimmern. Für den heutigen Tag waren 32 Kilometer genug, insbesondere als Einstieg für Oliver. Unterwegs sahen wir ein kleines Hinweisschild auf das Hostal. Dieses lag direkt an einem Fluss, hatte ein altes Gemäuer und sah sehr idyllisch aus. Da wollten wir hin, aber erst einmal finden!

Wir waren schon fast raus aus dem Dorf ohne Hinweis auf die Unterkunft. Menschen waren keine auf der Straße. Also habe ich in ein Haus reingerufen. Es erschien ein älterer Mann, der allerdings nur Spanisch sprach, was ich ja nicht kann. Trotzdem bekam ich irgendwie die Info heraus, dass es noch etwa 500 Meter

auf dem Weg weitergehen sollte. Und so war es. Etwas abseits des Pilgerweges, nur ein kleines weiteres Hinweisschild deutete auf die Unterkunft hin, fanden wir das Hostal. Es war eine umgebaute ehemalige Wassermühle. Das Gebäude lag über dem Fluss, gläserne Fußbodenteile im Wohnzimmerbereich ließen den Blick direkt aufs Wasser zu. Ohne dass wir gefragt wurden, wurde gleich ein kühles Bier auf den Tisch gestellt, dann erst erfolgten die Formalitäten. Jeder bekam ein kleines Zimmer, das großzügige Bad mussten wir uns teilen. Es waren noch zwei Gäste anwesend, Vater mit Tochter aus den USA. Wir erfuhren, dass die Tochter derzeit in Madrid studiert. Nach dem gemeinsamen Abendessen saßen wir vier draußen in der Natur an einem großen Mahlstein bei einem Glas Wein und mit netten Gesprächen. In der Zeit war der Besitzer damit beschäftigt, sein Anwesen zu pflegen und den Rasen zu kürzen. Ein wirklich idyllischer Aufenthalt. Wieder einmal hatten wir Glück mit solch einer Unterkunft und mit einer herausragenden Freundlichkeit der Gastgeber. Wir wurden wirklich umsorgt, was sich am nächsten Morgen erneut zeigen sollte.

Tag 9   30.05.2019

VILLAVANTE-HOSPITAL DE ÓRBIGO-ASTORGA-MURIAS DE RECHIVALDO

Unterkunft: Casa Rural Anexa
Strecke: 26 km, 100 Höhenmeter, 6,5 Stdn.

Besser konnte der Tag nicht beginnen: Frühstück in der alten Mühle, das Wasser plätschert unter uns, auf dem Tisch frischer O-Saft und Spiegeleier!
Um 7.30 Uhr ging es los, das Tagesziel war noch nicht ganz klar. Der Weg führte uns nach Hospital de Órbigo. Über eine

alte Römerbrücke ging es über den Órbigo, die Brücke war mit Fahnen geschmückt, ebenso wie der ganze Ort. Unterhalb der Brücke auf einem Festplatz waren Tribünen aufgebaut. Es sah aus, als ob Ritterwettkämpfe ausgetragen werden sollten.

Die Landschaft hatte sich nun gewandelt: nicht mehr nur gerade und ebene Abschnitte, sondern es ging jetzt bergauf und bergab, ohne dass ganz große Steigungen zu bewältigen waren. Gut fünf Kilometer vor Astorga am Ende einer kleinen Hochebene steht das Wegekreuz von Santo Toribio. Da es nun nur noch bergab Richtung Stadt geht, hat man von hier einen fantastischen Blick in die Weite mit der Silhouette von Astorga einschließlich der deutlich herausragenden Kathedrale, im Hintergrund bereits die Berge von León.

Die Sehenswürdigkeiten von Astorga, die Kathedrale und den Gaudi-Palast (ehemals Bischofspalast, heute Museum) haben wir uns nur von außen angesehen. Eine kleine Rast im Schatten bei den immer weiter ansteigenden Temperaturen musste in der Innenstadt reichen. Am Stadtrand haben wir uns eine längere Pause mit Mittagessen gegönnt. Als Tagesziel war jetzt der nächste Ort anvisiert.

Die Unterkunft lag am Ende des Ortes, und es waren tatsächlich noch zwei Zimmer mit Bad frei. Die ganze Herberge

befindet sich in einem umgebauten, für diese Gegend typischen Bauernhaus: große Toreinfahrt, Innenhof, mehrere Gebäude, Wiese hinter den Gebäuden. Wieder konnten wir in alten Gemäuern übernachten. Unsere Zimmer lagen in einem separaten Haus mit einem Wohnbereich. Es roch nach Rauch, der Kamin wird offensichtlich in kälteren Jahreszeiten genutzt. Und wichtig: Es gab eine offene Bar im Innenhof, wo auch kühles gezapftes Bier angeboten wurde. Wir ließen uns nicht lange bitten.

Während die Waschmaschine lief, erholten wir uns von der Anstrengung. Das geht natürlich bei einer Tasse Kaffee und einem Stück Kuchen noch besser. Wobei der Kuchen unbestellt mit dem Kaffee kam. Da Oliver keinen Kuchen wollte, blieb mir nichts anderes übrig, als auch dieses Stück mit doch erheblich schlechtem Gewissen zu essen. Aber Gastfreundschaft will gelebt werden – und manchmal ist es eben hart!

Um 19.00 Uhr gab es für alle Pilger das gemeinsame Abendessen.

Anschließend wurde der laue Abend noch im Innenhof verbracht.

Tag 10　　　　　　　　　　　　　　　　　　　31.05.2019

MURIAS DE RECHIVALDO–EL GANSO–RABANAL DEL CAMINO

Unterkunft: Hostal El Refugio
Strecke: 16 km, 270 Höhenmeter, 4 Stdn.

Die heutige Etappe war bewusst so kurz gewählt. Zum einen gab es erst nach weiteren 17 Kilometern eine Unterkunft mit einzelnen Zimmern, entscheidend aber war der Streckenverlauf. Es erwartete uns nämlich eine kräftige Steigung, um über die Berge von León zu gelangen. Wie uns die Erfahrung gelehrt hatte, sind solche mühsamen Wegabschnitte besser am frühen Morgen anzugehen.

Auch heute wollten wir früh um 6.30 Uhr losgehen, ohne Frühstück, denn nach hauseigener Info sollte es das erst ab 7.00 Uhr geben. Wir hatten die Rucksäcke gerade aufgenommen, als uns die Besitzerin einlud, doch noch zu frühstücken, es sei bereits alles vorbereitet. Das lässt man sich ja nicht zweimal sagen! Also Rucksack beiseitegelegt und erst einmal für den weiteren Weg gestärkt.

Die Landschaft hatte sich inzwischen total verändert: keine Getreidefelder, keine Landwirtschaft, sondern Wälder mit kleinen Bäumen, auch total unberührte Natur. Die Bergkette, die es noch zu überwinden galt, immer im Blick. Und das war nicht unbedingt motivierend, denn es bedeutete, dass ein anstrengender Abschnitt des Pilgerweges auf uns zukam. Doch durch diese düsteren Gedanken muss man durch: immer weiter!

Auch wenn wir ganz sicher nicht im wilden Westen waren, in El Ganso saßen wir in der Cowboy-Bar. Der Name ist Programm, und diese Bar hat inzwischen Kultstatus. Im Inneren ausgestattet wie eine Wildwestbar inklusive eines leichten Durcheinanders. Aber ein kurzer Stopp mit Erfrischung war ein Muss.

Die 270 Höhenmeter haben wir erstaunlich gut bewältigt, und so waren wir sehr früh an unserem Zielort angekommen. Auch eine längere Pause am Ortseingang konnte nicht verhindern, dass die Zimmer in dem gewählten Hostal noch nicht fertig waren. Also blieb uns nichts anderes übrig, als auf einer Bank im Schatten direkt am Jakobsweg Pause zu machen und die vorbeilaufenden Pilger durch ein freundliches „Bon Camino" für ihren weiteren Weg zu motivieren.

Einen ganzen Nachmittag frei! Was macht man da nur? Nach der obligatorischen Körperpflege und kurzer Pause hatten wir uns zu einem Dorfspaziergang verabredet. Nun muss man allerdings wissen, dass die Ortschaft mit weniger als 100 Einwohnern nicht unbedingt angetan ist, zeitintensive Spaziergänge abzufordern. Was blieb uns anderes übrig, als nach dem Einkauf weniger notwendiger Dinge im Dorfladen unseren Flüssigkeitshaushalt an einem Tisch einer Herberge am Straßenrand wieder aufzufüllen. Ich finde es übrigens eine tolle Einrichtung, dass bei jedem Bier, das bestellt wird, immer eine Kleinigkeit zum Essen kostenfrei mitserviert wird. Diesen Brauch sollte man auch bei uns einführen.

Zurück im Hostal, ermattet durch die Hitze, den Spaziergang und vielleicht auch durch die Biere, habe ich mich einfach aufs Bett gelegt und – bin eingeschlafen.

Kurz vor 19.00 Uhr wurde ich dann durch lautes Klopfen an meiner Tür von Oliver geweckt. Neben unserem Hostal lag die Kirche des Benediktinerklosters Monte Irago, das zur Erzabtei St. Ottilien gehört und in dem vier Mönche tätig sind. Jeden Tag finden zu unterschiedlichen Zeiten Gottesdienste statt. Wir wollten an den Vespergesängen teilnehmen. Die alten Gemäuer der romanischen Kirche aus dem 12. Jahrhundert sind wirklich Ehrfurcht gebietend, die ausstrahlende Kühle von den Mauern macht bewusst, dass im Inneren die Zeit stehen geblieben ist. Die Kirche war voll besetzt, Pilger aus den unterschiedlichsten Ländern waren vertreten. Deshalb wurde die Lesung von verschiedenen Personen in ihrer jeweiligen Landessprache vorgelesen, auch auf Deutsch. Die Messe selbst mit ihren Gesängen wurde durch die Mönche in lateinischer Sprache zelebriert. Obwohl ich regelmäßiger Kirchgänger bin – und katholisch –, war ich überrascht, dass einige ältere Pilger der Liturgie auf Latein mächtig waren. Zu meiner Zeit als Messdiener wurde der Gottesdienst in lateinischer Sprache abgehalten, hängen geblieben ist nicht viel.

Bei uns wird oftmals der mangelnde Fortschritt moniert und eine Erneuerung der Kirche angemahnt, doch Deutschland ist sicher nicht Mittelpunkt der katholischen Welt, und der Konservatismus ist weiter verbreitet, als wir es uns wünschen.

Nach dieser geistigen Speise haben wir ein sehr leckeres Pilgermenü in einem vollen Raum, nämlich dem Restaurant unserer Unterkunft, eingenommen.

Der Abschluss des Tages war ein intensives Gespräch über Religion, Kirche und Glaube zwischen Oliver und mir.

Tag 11 01.06.2019

RABANAL DEL CAMINO–FONCEBADÓN–CRUZ DE FERRO–MOLINASECA

Unterkunft: Hostal El Palacio
Strecke: 25 km, 300 Höhenmeter,
920 Höhenmeter Abstieg, 7,25 Stdn.

Die Nacht war etwas unruhig, was bei den herrschenden tropischen Temperaturen aber auch kein Wunder war. Eine richtige Abkühlung, wie noch zu Beginn des Pilgerweges, war nicht zu verspüren. Außerdem hatte ich wieder einmal ein Zimmer unter dem Dach mit einem Dachfenster. Doch der Blick aus dem Velux-Fenster hat mich für die Schlaflosigkeit entschädigt. Einen Himmel mit so vielen sichtbaren Sternen bin ich nicht gewohnt. In Bremen sind wegen der intensiven Stadtbeleuchtung nur sehr hell leuchtende Sterne zu sehen. Hier aber gab es nur einzelne gelbliche Straßenlampen, die wiederum die alten Häuser, die Kirche und die engen Straßen beleuchteten. Die alten Mauern waren ins rechte Licht gesetzt, zeitlich fühlte ich mich in eine andere Epoche zurückversetzt.

In Anbetracht der zu erwartenden Anstrengung und der Hitze ging es bereits um 6.15 Uhr los. Der Aufstieg war stetig, aber nur in kurzen Strecken schwierig und steil. Der Weg führte lange durch unberührte Natur, eine schöne Heidelandschaft mit sehr großen Heidepflanzen, mit duftenden weiß und gelb blühenden Sträuchern. Dazu kamen immer wieder herrliche Blicke in die Weite. Kein Lärm störte die Gedanken. Es war erneut ein Weg für alle Sinne.

Im ersten Ort nach 6 Kilometern, Foncebadón, wurde gefrühstückt. Ein merkwürdiger Ort: Neben vielen zerfallenen Gebäuden gibt es einzelne restaurierte Häuser, die Straße wird aktuell instand gesetzt. Im Mittelalter war hier ein wichtiger Ort für die Pilger, sogar ein Kirchenkonzil fand im 10. Jahrhundert statt. In der Mitte des 20. Jahrhunderts verfiel das Dorf, die Menschen zogen weg, und Ruinen bildeten sich aus. Erst seit 2000 erfolgt eine Wiederbelebung, und der Ort entwickelt sich erneut zu einem Pilgerort.

Frisch gestärkt und in der Erwartung, bald einen wichtigen Punkt auf dem Jakobsweg zu erleben, geht es noch immer weiter bergauf, bis endlich in einer Höhe von 1517 m der Pass mit dem Cruz de Ferro erreicht ist. In der Mitte eines großen Steinhaufens steht ein etwa 5 m hoher Eichenstamm, und auf der Spitze ist ein Kreuz aus Eisen. Traditionell legen Pilger hier einen Stein ab, um so symbolisch die eigene getragene Last abzugeben.

Aber ich war enttäuscht von dem Ort: ja, Steinhaufen und Kreuz, aber auch ein riesiger Parkplatz, Picknickplätze und eine dicht daneben verlaufende Straße. Wir waren zeitlich sehr früh an diesem Ort, wie muss es aber am späteren Tag hier aussehen, wenn die Parkplätze auch genutzt werden und Busse hier oben stehen?

Der Aufenthalt am Cruz de Ferro war deshalb nur kurz, und die nächsten 7 Kilometer ging es mal auf, mal ab neben einer wenig befahrenen Straße, bis der lange Abstieg begann. Aber der hatte es in sich!

Wir hätten uns für den Abstieg einen serpentinenartig angelegten befestigten Weg gewünscht. Aber es kam leider anders:

enge Schotterwege, gerade, steil bergab, steiniger, felsiger Untergrund. Ein lockeres Gehen war gar nicht möglich, da man ständig auf der Hut sein musste, nicht zu stolpern, umzuknicken oder gar zu fallen. In den wenigen Dörfern auf der Strecke haben wir immer wieder eine Pause eingelegt. Für wenige Kilometer war uns dann eine kaum befahrene Landstraße gegönnt, bevor wir zum Schluss noch einmal richtig gefordert wurden. Durch das Nachtigallental (klingt doch ganz lieblich!) ging es nochmals zum Teil sehr steil und felsig bergab. Völlig kaputt kamen wir am Zielort an. Dass wir über eine alte Römerbrücke in den Ort gelangt sind, haben wir erst später so richtig realisiert.

Wieder hatten wir Glück: Als Unterkunft sollte es das Hostal am Ortseingang am Fuße der Brücke und direkt am Fluss sein. Unbedarft gingen wir an die Rezeption, fragten nach zwei Zimmern und ohne langes Zögern vonseiten des Personals wurden die Formalitäten erledigt. Noch während wir beim Ausfüllen der Meldezettel waren, fragte ein anderer Pilger nach einem Zimmer: ausgebucht!

Molinaseca ist ein wirklich schöner kleiner Ort. In unmittelbarer Umgebung der Brücke halten sich viele Einheimische auf. Alt und Jung nutzen den Fluss, um sich abzukühlen oder im Wasser, das nicht tief ist, zu spielen. Die Liegewiesen an beiden Ufern waren gut belegt. In den Restaurants am Fluss saßen nicht nur Pilger, sondern auch Besucher, die mit Bussen angereist waren. Es hat nach unserer Ankunft nicht lange gedauert, und auch wir saßen dort bei purem Sonnenschein mit 33° und genossen ein erfrischendes Getränk.

Da das Restaurant unseres Hostals im Reiseführer als sehr gut beschrieben war, machten wir uns erst gar nicht auf die Suche nach Alternativen. Kaum saßen wir an einem Tisch, als sich ein Paar mit Hund zu uns gesellte. Wir hatten die drei schon auf dem Weg getroffen und die ersten Worte gewechselt. Und wir sollten uns auf dem weiteren Weg noch häufiger wieder treffen. Es stellte sich nun heraus, dass sie aus meiner Heimatstadt Celle kamen. Der Mann war schon fünfmal den Camino gegangen, diesmal aber mit Hund. Es muss schon wahre Leidenschaft für den Jakobsweg sein, wenn man erfährt, welche Mühe sie sich machen. Sie sind mit dem Wohnmobil unterwegs, gehen eine Tagesetappe, fahren mit einem Taxi zum Startpunkt zurück, holen das Wohnmobil nach, übernachten und starten am Folgetag die nächste Etappe.

Das Essen war wie erwartet ganz lecker, und nach unterhaltsamen Gesprächen war ein anstrengender Tag geschafft, und der nächste Pilgertag hätte kommen können.

Wenn da nicht ein Kirchenfest gefeiert worden wäre! Ich war schon eingeschlafen, als gegen 23.00 Uhr laute Trommel- und Trompetentöne in mein Zimmer drangen. Von der ganz in der Nähe liegenden Kirche machte sich eine Prozession auf, das ganze Dorf schien daran teilzunehmen. Kurz vor der Brücke war ein mit vielen Blumen geschmückter Altar aufgebaut. Da sich dieser fast unter meinem Zimmerfenster befand, war an ein Ruhig-im-Bett-Liegen nicht zu denken. Nach einer Andacht, immer von Musik und Gesang begleitet, ging es über die Brücke zu einer weiteren kleinen Kirche auf der anderen Seite des Flusses. Eine gewisse Zeit verging ruhig, dann strömten die Menschen wieder zurück. Erst gegen Mitternacht kehrte endlich die ersehnte Ruhe ein, nur der Fluss mit dem kleinen Wasserfall war zu hören.

Tag 12   02.06.2019

MOLINASECA-PONFERRADA-CACABELOS

Unterkunft: Hostal Siglo XIX
Strecke: 26 km, 100 Höhenmeter, 6 Stdn.

Um 7.00 Uhr ging es in aller Ruhe wieder los. Trotzdem habe ich meine Wasserflasche im Zimmer vergessen. Als ich das bemerkte, war ein Zurück nicht mehr drin. Von unseren Pilgerfreunden mit Hund hatten wir den heißen Tipp bekommen, in Ponferrada bei einem Bäcker direkt unterhalb der Templerburg zu frühstücken. Dieser Tipp war Gold wert. Lange gab es keine so frischen und gut schmeckenden Brötchen mit entsprechender Auflage. Auch der Kaffee war ein Gedicht. Das Wetter gab es her, draußen zu sitzen, und so konnten wir mit dem Blick auf die beeindruckende Templerburg schlemmen. Natürlich war auch der Hunger nach 1,5 Stunden Pilgern da.

Die Templerburg, im 12./13. Jahrhundert erbaut, diente dem Schutz der Pilger und sicherte den Übergang über den Fluss Sil. Die Templer, gegründet von Kreuzrittern in Jerusalem, hatten es als Ritter und Mönche zugleich geschafft, das wirtschaftliche Leben zu kontrollieren. Da sie auch das Finanzwesen beherrschten, waren sie den weltlichen Fürsten bald ein Dorn im Auge, und es dauerte nicht allzu lang, bis der Orden Anfang des 14. Jahrhunderts verboten wurde. Ihre geheimnisvollen Rituale machten es leicht, ihnen Satanskult vorzuwerfen. Auch heute ist die Burg noch eine imponierende Anlage. Wie muss sie in der damaligen Zeit auf die Menschen gewirkt haben?

So langsam neigte sich mein Barvermögen dem Ende entgegen, und frisches Geld musste her. Bei der Suche nach einem Geldautomaten kamen wir vom Pilgerweg ab und – zwar erfolgreich, was das Geld anging – mussten erst mühsam den Camino wiederfinden.

Ponferrada ist die Hauptstadt der Provinz Bierzo, einer wunderschönen Weinregion, was mir nicht bekannt war. Der Weg führte durch eine hügelige Landschaft mit Weinfeldern. Die Rebstöcke waren an Hängen angebaut, anders als im Gebiet Rioja, wo sie in der Ebene liegen.

In Camponaraya ging es an einer Weinkellerei vorbei, die den Pilgern gegen einen Obolus ein Glas Wein ausschenkt, außer am Sonntag. Und heute war Sonntag! Also blieb nichts anderes übrig, als in einer Bar ein Iso-Getränk zu kaufen. Eine kleine Enttäuschung.

Wie zu erwarten, waren bei unserer Ankunft im Hostal die Zimmer noch nicht fertig. Aber das störte nicht groß, denn im

Restaurant war Platz, und das erste Bier schmeckte auch in verschwitzten Sachen mit dem Rucksack an der Seite. Abwechslung gab es genug. Direkt nebenan war die Kirche, und es sah ganz danach aus, als ob das Fest der Firmung gefeiert wurde. Viele Menschen waren dort versammelt, alle schick angezogen, die Kinder herausgeputzt. Es war ein buntes Treiben, insbesondere als alle aus der Kirche strömten und nun ihre Erinnerungsfotos machten. Es dauerte recht lange, bis wieder Ruhe einkehrte. Noch vom Zimmerfenster aus konnte ich das Treiben gut beobachten. Was zu dieser Tageszeit recht unterhaltsam war, brachte mich in der Nacht fast um den Schlaf, denn der Betrieb im Restaurant mit den Tischen an der Straße machte doch erheblichen Lärm. Mehrmals habe ich mich nachts an die offene Balkontür gesetzt und das Ende der Unruhe herbeigesehnt.

Am Abend gab es außerdem noch ein Ereignis, das selten vorkommt: ein Treffen mit Pilgern, denen man lieber nicht noch mal begegnen möchte. Zwei Herren im mittleren Alter, die dem Alltag entfliehen wollten und nun auf dem Camino unterwegs waren, gingen uns bald auf die Nerven. Wir hatten uns schon morgens auf der Etappe getroffen, wenige Worte gewechselt, und so kam es automatisch, dass sich beide an unseren Tisch setzten. Dass man das Gepäck transportieren lässt, ist nichts Ungewöhnliches, zumal nicht jeder gesundheitlich in der Lage ist, diese zusätzliche Belastung auf sich zu nehmen. Aber wenn sich das Gespräch beim gemeinsamen Abendessen nur um das eigene Ego dreht und die anderen Tischnachbarn nicht zu Wort kommen, dann gibt es bald keinen gemeinsamen Gesprächsstoff mehr. Nachdem wir das herrschaftliche Anwesen des einen in seinem Heimatdorf auf dem Smartphone ansehen durften, erfahren konnten, was für eine Koryphäe er in seinem Beruf war, welche unterschiedlichen Tätigkeiten er gleichzeitig ausführte, und es dann auch noch deutlich wurde, dass die beiden heute wegen der großen Hitze mit dem Taxi unterwegs waren, da beschlossen Oliver und ich, uns doch wegen dringend durchzuführender Telefonate zurückzuziehen. Ach, ich habe vergessen zu erwähnen, dass die ganze Zeit nur einer von den beiden sprach.

Eine Anmerkung noch zum Streckenverlauf: Sowohl die heutige als auch die morgige Etappe waren in etwa gleich und gar nicht so lang. Aber das hatte einen taktischen Grund: Am 4.6. sollte es in die Berge gehen und die Steigung heftig werden. Um das zu schaffen, wollten wir diesen Abschnitt frühmorgens angehen.

Tag 13   03.06.2019

CACABELOS-VILLAFRANCA DEL BIERZO-TRABADELO-HERRERÍAS

Unterkunft: Albergue-Pensión Casa Lixa
Strecke: 28 km, 200 Höhenmeter, 8 Stdn.

Sehr früh ging es um 6.15 Uhr los. Die Straßenlaternen erhellten noch die Straßen. Als wir am Ortsausgang ankamen, wurde es langsam hell. Ein gut zwei Kilometer langer Wegabschnitt, der an einer befahrenen Straße stetig bergauf führte, musste bewältigt werden. Danach kam aber die Entschädigung: Bergauf und bergab ging es durch wunderschöne Weinfelder. An den Wegesrändern standen immer wieder blühende Fliederbeersträucher. Das erinnerte mich daran, dass ich in diesem Jahr abermals kein Fliederbeerblütengelee machen kann, da die Blütezeit vorbei sein wird, wenn ich zu Hause bin.

Dem Frühstück entgegenfiebernd erreichen wir nach etwa zwei Stunden Villafranca del Bierzo. Wer saß dort an einem zentralen Platz in der Stadt im Café? Unsere Pilgerfreunde mit dem Hund. Das wiederholte Aufeinandertreffen ist immer mit einer herzlichen Begrüßung und dem Austausch von Neuigkeiten verbunden.

Außerdem ging es auch um die Frage, welcher der zwei möglichen Wege jetzt genommen werden sollte. Der eine, Camino Duro, sicher landschaftlich schöner, aber auch zwei Kilometer

länger und über einen Berg führend, der etwa 500 Höhenmeter beinhaltete, oder der reguläre Weg, der viele Kilometer an einer Landstraße verläuft und keine großen Steigungen enthält. Unsere Freunde nahmen den Berg, wir entschlossen uns, den Weg an der Straße zu gehen.

Wie sich zeigte, war diese Entscheidung nicht die schlechteste. Der angeblich unschöne Weg erwies sich als ausgesprochen angenehm. Ja, er führte vielfach direkt neben einer Landstraße entlang, aber zum einen war sie sehr wenig befahren, zum anderen außerdem sehr kurvenreich. Über viele Kilometer folgte die Straße einem Flusslauf, ausladende Büsche und Bäume spendeten hervorragend Schatten, im Blick waren immer wieder Bergspitzen. Man darf doch nicht immer dem Pilgerführer glauben.

Mit insgesamt zwei Pausen hatten wir sehr zeitig unser Ziel erreicht. Nach einer netten Begrüßung, der obligatorischen Körperpflege und der Abgabe der Wäsche zum Waschen habe ich am Nachmittag vor dem Haus gesessen, Getränk in der Hand und den Blick über die grasenden Kühe in Richtung Berge gewandt, auf die Berge, die wir morgen bezwingen sollten und wollten.

Bei der Planung des nächsten Tages gab uns die Besitzerin des Hostals, eine wirklich hübsche blonde Holländerin (man hätte nachfragen sollen, warum und wieso sie in diesem Bergdorf lebt), den Rat, die Unterkünfte jetzt immer vorzubuchen, da etwa 200 Kilometer vor Santiago zunehmend mehr Pilger ihren Weg beginnen und deshalb Unterkünfte sehr oft Mangelware seien. Diesem Rat sind wir danach erfolgreich gefolgt, auch wenn wir nicht immer unsere „Wunschunterkunft" erhalten haben. Für die nächste Nacht hat sie selber in einer kleinen Herberge angerufen und das letzte Zimmer für uns reserviert.

Eine Bemerkung noch zum gemeinsamen Pilgern: Oliver und ich hatten jeweils Start, Pausenorte und insbesondere das tägliche Ziel gemeinsam besprochen und festgelegt. Auf dem Weg aber ging jeder in seiner für ihn richtigen und guten Geschwindigkeit. Das bedeutete, dass wir uns unterwegs mehrmals begegnet sind. Mal war der eine vorn, mal der andere. Am Berg fiel ich deutlich zurück, in flachen Etappen hatte ich den längeren und schnelleren Schritt. Nur so war es möglich, gemeinsam den Camino zu bestehen.

Tag 14   04.06.2019

HERRERÍAS-O CEBREIRO-ALTO DO POIO-FONFRÍA

Unterkunft: Pension Casa de Lucas
Strecke: 22 km, 660 Höhenmeter, 6,5 Stdn.

Es war Regen vorhergesagt, und zum ersten Mal war der Himmel voller dunkler Wolken. Beim Abmarsch gegen 7.30 Uhr nach einem Frühstück musste deshalb vorher die Frage nach der schnellen Erreichbarkeit des Regenponchos im Rucksack geklärt werden. Zunächst führte der Weg noch für drei Kilometer ganz gemächlich bergauf. Doch dann kam es geballt. Etwa eineinhalb Kilometer ging es durch einen Hohlweg im Wald über felsigen Boden, mit Geröll und Sand, über Wurzeln und Steine steil bergauf. Im

Pilgerführer steht: „... vorbei an schwächelnden und am Wegrand liegen gebliebenen Pilgerfreunden ..." Es war wirklich eine Tortur, und spätestens an dieser Stelle kam wieder die Frage auf, warum ich mir das antue. Es hätte aber auch noch schlimmer sein können, denn bis zu diesem Zeitpunkt war es noch trocken. Nicht auszumalen, wie rutschig und glatt es in dem Hohlweg bei Regen gewesen wäre. Die armen Pilger, die nach uns kamen. Erst auf halber Bergstrecke fing es an zu regnen. Doch nun waren es normale Wald- und Feldwege, auf denen es weiter hinaufging. Je höher wir kamen, und es ging bis auf die Höhe von 1300 Metern, umso kälter wurde es. Der Wind pfiff, und der Regen peitschte. Der Poncho hielt zwar das Schlimmste ab, aber darunter war ich trotzdem nass vom Schweiß.

Nach nur 7 Kilometern, aber etwa 2,5 Stunden Pilgern, kam die erste verdiente Pause. Danach hieß es, die letzten 200 Höhenmeter auch noch zupacken und zunächst den Ort O Cebreiro zu erreichen. Damit hatten wir auch Kastilien hinter uns gelassen und pilgerten jetzt in dem für Regen bekannten Galicien. Insofern entsprach das momentane Wetter, das noch einen weiteren Tag anhalten sollte, den ortsüblichen Gepflogenheiten.

Bei einem Blick in die vorromanische Ortskirche stießen wir erneut auf unsere Pilgerfreunde mit dem Hund. Sie hatten hier Schutz vor dem Wetter gesucht und waren sich noch nicht sicher, wie sie weiter vorgehen sollten, da es für den Hund durch Regen und Wind nicht sehr angenehm war. Das Ergebnis muss ich offen lassen, da wir sie nicht wieder getroffen haben.

Nun war ich eigentlich innerlich auf allmählichen Abstieg eingestellt. Aber ich hatte ganz verdrängt, dass in etwa 10 Kilometern noch der Pass Alto do Poio mit seiner Höhe von 1337 Metern zu überwinden war. Und bis dahin ging es auf und ab, mal steil, mal weniger steil, aber selten flach.

Als kleine Belohnung hatten wir uns spontan zu einer längeren Pause in einer kleinen unscheinbaren Gaststätte in einem noch kleineren Dorf entschlossen. Wir entledigten uns der nassen Kleidung, legten die Rucksäcke ab und genossen zunächst die wohlige Wärme im Lokal. Nach einem Stück Kuchen und einem

Kaffee, die Seele lebte schon auf, musste es ein frisch gezapftes Bier sein. Und damit kamen auch als Beigabe selbst gemachter Thunfischsalat und beim zweiten Bier frisches Brot mit Schinken. „Mensch, was willst du mehr", waren meine Gedanken. So gestärkt gingen wir den Aufstieg zum Pass erfolgreich an.

Da jetzt der Weg neben der Fahrbahn verlief, wurde uns deutlich, wie viele Radfahrer unterwegs waren. Insbesondere Italiener und Spanier fuhren auf ihren Drahteseln auf dem Camino. Immer wieder durchbrach das „Bon Camino" der Vorbeifahrenden die Gedankenwelt, in die ich bei dem Regenwetter eingetaucht war. Was blieb mir auch übrig, denn ein freier Blick in die Landschaft war bei dem Wind und Regen gar nicht möglich.

In Fonfría angekommen konnten wir feststellen, dass tatsächlich alles ausgebucht war, wir aber unser Doppelzimmer bekamen. Die Herberge hatte vier Zimmer. Es war ein sehr altes Gemäuer. Im Gastraum brannte ein Kamin, der ständig mit Holzscheiten gefüttert wurde. Den versorgte der alte Herr des Hauses, während sich die Hausfrau um die Versorgung der Gäste, sprich Abendessen und Frühstück kümmerte. Beim Abendessen lernten wir ein deutsches Ehepaar aus Ostfriesland kennen, das kurz zuvor in den Camino eingestiegen war und die Strecke bis Santiago pilgern wollte. Da sie sich nicht zu viel zutrauen wollten, waren ihre Tagesetappen kürzer, und das Gepäck wurde transportiert. Außerdem bestand bei der Frau eine Glutenunverträglichkeit. Aber selbst dies ist kein Ausschluss, den Weg zu gehen. Die Verpflegung muss nur vorbestellt werden, dann ist selbst in der Abgeschiedenheit eines kleinen Dorfes in der Bergwelt Galiciens die sachgerechte Versorgung möglich.

Das Abendessen wurde für die einzelnen Gäste, je nach Eintreffen im Gastraum, extra gekocht. So hat es auch ganz prima geschmeckt.

Dann kam die Nacht in unserem Doppelzimmer. Vom Schnarchen sind ja viele betroffen. So auch wir beide. Allein der Gedanke, man könnte ja schnarchen, hält einen vom Einschlafen ab – denkt man! Irgendwann in der Nacht stand Oliver auf. Ich war sofort wach und fragte ihn, ob er auch noch nicht geschlafen habe. Ein kleines Lachen war zu hören, und dann spielte er mir mit seinem Smartphone mein Schnarchen vor. Ich wollte es erst nicht glauben, musste dann allerdings doch meine Tat zugeben. Auch Oliver hatte geschnarcht – ich habe bloß keine Beweise!

Tag 15   05.06.2019

FONFRÍA-TRIACASTELA-ALTO DE RÍOCABO-SARRIA

Unterkunft: Hotel dp Cristal
Strecke: 29 km, 200 Höhenmeter,
840 Höhenmeter Abstieg, 5,75 Stdn.

Das Frühstück war ein Genuss: Brot, zwei Spiegeleier mit Schinken und Kaffee. So konnte es dann gestärkt in den Tag gehen. Bei etwa 3° und Regen sowie Wind war es kein wirkliches Vergnügen. Allein die Wettervorhersage brachte Trost. Im Laufe des Tages sollte es besser werden und irgendwann auch die Sonne wieder zu sehen sein. Von der im Pilgerbuch als wunderschön beschriebenen Landschaft war nichts zu sehen, wir gingen in den Wolken. Nach gut einer Stunde und etwa 300 Metern Abstieg wurde die Sicht besser, und man konnte ahnen, in welcher Landschaft wir unterwegs waren. Aber wegen des Regens war der Blick immer noch mehr auf den Weg gerichtet, und so war viel Zeit, seinen Gedanken nachzuhängen.

Beeindruckend waren kurz vor Triacastela gewaltige alte Eichenbäume, unter denen selbst nach dem langen Regen ein trockenes Unterstehen möglich war. Auffällig war, dass diese Bäume mit Blumen geschmückt waren. Ganz im Gegensatz dazu die Pilger, die in ihren schmucklosen Ponchos in der Ferne wie kleine Zwerge aussahen. Trotz des miesen Wetters gab es immer eine fröhliche Begrüßung, wenn wir bekannte Pilger trafen.

Auch wenn es insgesamt bergab gehen sollte, musste ich feststellen, dass nach diesem Ort der Weg doch zum Teil wieder recht steil nach oben führte. Gut 200 Höhenmeter waren zu überwinden. Von dem beschriebenen „lieblichen Gelände" habe ich wieder nichts gesehen: Kapuze des Ponchos fest zugeschnürt, Blick auf den felsigen, zum Teil rutschigen Weg gerichtet. Steine mussten umgangen, herabfließendem Wasser musste ausgewichen werden. Also volle Konzentration auf den Aufstieg!

Gemeckert werden durfte nicht, denn wir hatten uns diese Wegealternative ausgesucht. Wir hätten auch ohne große Steigung, dafür aber 6 Kilometer länger, den Weg über Samos mit seinem Kloster San Julián wählen können.

Die Wetterfrösche hatten recht gehabt: Beim weiteren Abstieg Richtung Tagesziel Sarria klarte es immer mehr auf, die Sonne kam hervor, und jetzt war eindeutig die abwechslungsreiche Landschaft zu erkennen. Es wurde auch immer wärmer, der Poncho wurde zum Trocknen über den Rucksack gelegt, und so erreichte ich am Ortsrand unsere Unterkunft. Oliver wartete schon vor dem Hotel mit einem Bier. Welch schöner Empfang!

Nach der obligatorischen Körperpflege gingen wir gemeinsam los, um die etwa 12 500 Einwohner zählende Stadt zu erkunden. Da wir am Ortseingang waren, folgten wir einfach dem Camino und kamen so direkt in die Altstadt. Es waren deutlich mehr Pilger unterwegs als in den Ortschaften zuvor. Denn wer in Santiago eine Urkunde erhalten wollte, musste ja nachweislich mindestens die letzten 100 Kilometer gepilgert sein. So hat es nicht verwundert, dass es zahlreiche Herbergen und Hotels gab. Dazu natürlich auch viele Restaurants, denn schließlich will das Pilgermenü eingenommen werden.

Wir fanden ein nettes Lokal, ließen uns das Essen und den Wein gut schmecken. Am Nachbartisch saß eine junge Irin, die genau hier ihren Weg startete. Noch etwas unsicher blätterte sie in ihrem Pilgerführer, aber wir machten ihr Mut, den Weg auch zu gehen. Mehrmals habe ich sie in den nächsten Tagen bei bester Laune wieder getroffen.

Tag 16 06.06.2019

SARRIA-FERREIROS-PORTOMARIN

Unterkunft: Manolo Piso (Privatwohnung)
Strecke: 24 km, 210 Höhenmeter, 5,25 Stdn.

Die Erfahrung lehrt: Wenn es bergab geht, dauert es nicht lange, und es geht wieder bergauf. Genau so war es am nächsten Morgen. Nicht nur, dass wir in Sarria innerhalb der Stadt bergauf mussten, das hatten wir ja am Vortag schon erfahren, sondern gleich außerhalb war wieder ein steiles Stück Weg zu erklimmen.

Da für den frühen Nachmittag in der Region Regen angesagt war, sind wir nach einem kleinen Frühstück pünktlich kurz nach 7.00 Uhr losgegangen. Wir wollten im Trockenen an unser nicht so weit entferntes Ziel gelangen. Nach Überwindung der Steigung ging es zunächst recht eben weiter, ab Ferreiros sogar überwiegend bergab. Wichtig: Wir haben unser Ziel, Portomarin, bei trockenem Wetter erreicht.

Der Weg führte uns durch kleine Ortschaften, in denen überwiegend Landwirtschaft betrieben wurde. Da in jedem Ort die Möglichkeit einer Pause gegeben war, trafen wir immer wieder bekannte Pilger.

Und hier sei die Geschichte vom „Lucky Danish Pilgrim" erzählt. Über viele Tage sind wir uns immer wieder begegnet, und so blieb es nicht aus, dass die Gespräche intensiver wurden. Mit 48 Jahren war er in Saint-Jean-Pied-de-Port gestartet, allerdings in die falsche Richtung, nämlich nach Frankreich. Nach gut einer Stunde hatte er den Irrtum bemerkt und war umgekehrt. Zwei Tage später hatte er seine Kreditkarte verloren, doch am Abend wurde in den Herbergen der Besitzer der Karte gesucht – und gefunden. Auch ein größerer Geldbetrag, den er in einer Herberge „vergessen" hatte, wurde ihm wiedergebracht. Und heute? Während einer Pause am Vormittag saßen wir kurz zusammen. Er brach als Erster auf, ließ aber seine Brille auf dem Tisch liegen. Uns fiel es erst auf, als wir losgehen wollten, denn jeder von uns dachte, die Brille gehöre dem anderen. Also nahmen wir sie mit. Kurz vor dem Tagesziel trafen wir uns wieder. Hocherfreut nahm er seine Brille in Empfang. Uns beeindruckte während der ganzen gemeinsamen Tage seine Fröhlichkeit und Unbekümmertheit, wussten wir doch, dass er lange Zeit mit großen Blasen an den Füßen unterwegs war. Und er war nicht langsam auf dem Camino!

Unterwegs ein markanter Punkt: der Wegestein mit der Zahl 100. Einhundert Kilometer noch bis Santiago, ein viel und häufig fotografierter Stein, immer mit lachenden Pilgern. Irgendwie Erleichterung, aber zugleich auch Motivation: Die restliche Wegstrecke werde ich auch noch schaffen, vierhundert Kilometer liegen schließlich schon hinter mir. Was sollte da noch schiefgehen?

In Portomarin hatten wir im Ortskern mangels Hotelunterkunft eine private Wohnung gebucht. Die Schlüsselübergabe war problemlos. Eine junge Dame zeigte uns die Wohnung, die mit drei Schlafzimmern, aber nur einem Bad, recht großzügig geschnitten war. Oliver ging als Erster ins Bad. Ich werde nie wieder als Zweiter unter eine Dusche steigen! Beim Einseifen war das Wasser noch warm, aber dann kam nur noch kaltes. Ich war noch nie so schnell vom Seifenschaum befreit und raus aus der Dusche wie an diesem Tag. Ich war zwar sehr erfrischt, aber für die geschundenen Muskeln wäre eine warme Dusche schon etwas Gutes gewesen.

Langsam meldete sich der Hunger, es war Mittagszeit. Oliver ging einkaufen und kam mit einer Flasche Rotwein, Käse, Schinken und Weißbrot zurück. Bei inzwischen heftigem Regen haben wir es uns in der Wohnung gemütlich gemacht.

Zum Abend hin besserte sich das Wetter, und wir machten uns auf, den kleinen Ort zu erkunden. Er liegt wunderschön oberhalb eines angestauten Flusses in malerischer Umgebung. Der ursprüngliche Ort liegt am Boden des Stausees. Nur die Kirche mit einem tollen Portal wurde abgetragen und hier oben original wieder aufgebaut. Davor steht eine schöne Jakobs-Statue. Während unseres Rundganges trafen wir wieder den dänischen Pilgerfreund, und zu dritt genossen wir das Pilgermenü, allerdings war das Ambiente nicht so angenehm wie sonst gewohnt. Irgendwie war zu erkennen, dass der Massenpilgerstrom versorgt werden musste.

Tag 17   07.06.2019

PORTOMARIN–CASTROMAIOR–LIGONDE–PALAS DE REI

Unterkunft: Pension Bar Plaza
Strecke: 26 km, 335 Höhenmeter, 6 Stdn.

Nach einer ruhigen Nacht klingelte um 6.30 Uhr der Wecker. Neben unserer Wohnung gab es ein Café, das um 7.00 Uhr öffnete und ein wirklich leckeres Frühstück anbot: Brötchen mit Omelett und Schinken, dazu duftenden Kaffee. So gestärkt ging es los, aber leider bei Regen und in der Erwartung eines steilen Aufstieges. Bei dieser Wetterlage war von der ganzen Schönheit der

Landschaft wieder nicht viel zu sehen. Bei Sonnenschein hätte man sicher den Weg über eine Brücke, die einen Arm des Stausees überspannte, genießen können.

Auffällig war, dass wirklich viele Pilger unterwegs waren. Ich habe mehrmals auf einer Wegstrecke von ungefähr 200 Metern etwa 30 Pilger gesehen. Es waren viele Gruppen unterwegs. Alle Altersklassen waren vertreten, es gab reine Frauengruppen, Gruppen mit Gepäck, welche ohne Gepäck, aber immer mit lauter Unterhaltung. Der Camino hatte sich wirklich verändert.

Nach dem Steilstück führte der Weg weitere 10 Kilometer stetig bergauf, unter anderem an einer riesigen, stinkenden Hühnerfarm vorbei. Dieser Ort ist im Pilgerführer extra benannt. Mehrere kleine Ortschaften wurden durchlaufen. Nach meiner Berechnung sollte unser heutiges Ziel bei Kilometer 70 kommen, aber leider: verrechnet. Mühsame zwei Kilometer, die sich sehr lang hinzogen, sollte es noch dauern, bis Palas de Rei erreicht war.

Die Unterkunft war vorgebucht, aber irgendwie kam die Empfangsdame, die nur Spanisch sprach, mit dem Bezahlsystem nicht klar. Oliver befürchtete, dass er bei den oft wiederholten Eingaben nun mehrmals auf seinem Konto belastet worden war. Die Spätschicht sollte es richten, was dann auch zur Zufriedenheit aller geklappt hat.

Unsere Unterkunft lag zentral, und der Ort mit seinen knapp 5000 Einwohnern war schnell erkundet. Im Pilgerführer war das Restaurant A Forxa empfohlen worden. Diese Empfehlung kann man getrost weitergeben. In nettem Ambiente bei freundlicher Bedienung gab es bereits am Nachmittag das Pilgermenü. Wir ließen uns nicht lange bitten und bestellten unser Essen. Anschließend war natürlich eine Pause angesagt, und wir zogen uns in unsere Zimmer zurück.

Kurz vor 19.00 Uhr trafen wir uns wieder, um dann den Gottesdienst in der alten Kirche mitzuerleben. Die Liturgie wurde in moderner Form begangen, eingängige Lieder mit einer Gitarre begleitet, und am Altar stand neben dem örtlichen Priester ein Pilgerbruder, dem wir seit Tagen immer wieder begegnet waren und der auch bei der Pilgermesse in Santiago den Gottesdienst mitgestalten sollte: ein polnischer katholischer Priester. Leider sprach er nur Polnisch, so waren unterwegs bei Treffen keine Gespräche mit ihm möglich, aber immer wurde herzlich gegrüßt.

Auf ein Abendessen haben wir verzichtet, ein abschließendes Bier brachte die richtige Bettschwere.

Tag 18   08.06.2019

PALAS DE REI-MELIDE-CASTAÑEDA

Unterkunft: Casa Milia
Strecke: 24 km, 120 Höhenmeter, 6,5 Stdn.

Noch 68 Kilometer in drei Etappen, das sollte locker zu schaffen sein.

Es war ein kalter Morgen, Handschuhe wären nicht schlecht gewesen. Aber das ständige Auf und Ab brachte Kreislauf und Muskeln schnell in Schwung. Nach etwa einer Stunde haben wir in einer kleinen Bar gefrühstückt.

Der Weg führte uns jetzt durch Wälder mit Eukalyptusbäumen, die sehr schlank, hoch und gerade gewachsen waren. Eigentlich ist es kein einheimisches Gehölz, aber in Galicien sehr verbreitet, zum Nachteil der originären Pflanzen. Die Stämme werden in der Holz- und Papierindustrie verwendet. Die heimischen Pflanzen wurden verdrängt, durch die tiefen Wurzeln der Bäume hat sich das Grundwasser gesenkt.

Nach 15 Kilometern haben wir in Melide an einem viel befahrenen Kreisverkehr im Zentrum eine längere Pause eingelegt und hier wieder den einen und anderen Pilger getroffen. Bei den kurzen Etappen war Zeit genug dazu, zu verausgaben brauchten wir uns nicht mehr, zumal die gebuchten Unterkünfte Sicherheit gaben, auch wirklich eine Bleibe zu haben.

Große Überraschung bei der Ankunft in dem kleinen Hotel: Ein Bild der Herbergsmutter mit Hape Kerkeling und sein Buch „Ich bin dann mal weg" in spanischer Sprache standen auf dem Empfangstresen. Ganz stolz erzählte sie in einem Mix aus Spanisch und wenig Englisch, dass er zweimal bei ihr gewesen war. Und wir waren jetzt auch hier! Erneut hatten wir die richtige Unterkunft ausgesucht.

Die beiden alten Gebäude, etwa um 1900 erbaut, strahlten in einem rustikalen Stil, der Geruch eines betriebenen Kamins stieg in die Nase. Wir waren allein in einem Nebengebäude untergebracht. Im Haupthaus nächtigten noch fünf weitere Personen, zwei Pilger aus Amerika sowie drei Franzosen, die mit dem Auto unterwegs waren. Das Wetter war gut, wenn auch etwas frisch, die Zimmer kalt. Bis wir merkten, dass die Heizung nicht lief. Nun, dieses Problem war durch die Herbergsmutter schnell gelöst, und sie stellte die Heizung an. Außerdem kümmerte sie sich um unsere Wäsche. Noch kurz vor dem Abendessen hing die Wäsche auf der Leine, wie sollte sie trocken werden? Es klappte wundersamerweise.

Beim gemeinsamen Abendessen saßen entgegen den Gepflogenheiten in vielen Herbergen alle Nationen an separaten Tischen. Auswählen von Speisen war nicht möglich. Es gab frisch zubereitete örtliche Kost, die sehr lecker war. Oliver und ich zogen uns dann mit einer Flasche Rotwein in unser Gebäude zurück. Die Zimmer waren im Obergeschoss, unten nutzten wir in einem großen Wohnraum mit einer Feuerstelle die gemütlichen Sessel und die Couch. So ließ es sich kurz vor dem Ziel aushalten, der Gesprächsstoff ging uns nicht aus. Hatte nicht schon Hape Kerkeling in seinem Buch von dieser Unterkunft geschwärmt und es als Paradies auf Erden bezeichnet?

Tag 19   09.06.2019

CASTAÑEDA–ARZÚA–SALCEDA–PEDROUZO

Unterkunft: Pensión 23 – Vinte e Tres
Strecke: 24 km, 80 Höhenmeter, 7 Stdn.

Nach einem kleinen Frühstück erfolgte eine herzliche Verabschiedung mit Umarmung. Es war für mich auf dem ganzen Weg immer wieder erstaunlich zu erleben, wie freundlich die jeweiligen Gastgeber waren, obwohl sie doch eigentlich wussten, dass wir nur einmal als Gast da waren und sicher nicht wiederkommen würden. Für mich ein tolles Erlebnis: Gastfreundschaft in reinster Form.
  An diesem Tag haben wir es wieder langsam angehen lassen. Das Wetter wurde deutlich wärmer. Dreimal haben wir eine Pause eingelegt. Auch heute waren viele Menschen unterwegs. Als wir einige wirklich langsam laufende Franzosen überholt hatten, hörten wir noch ihre Bemerkung: „Die sind ja unterwegs wie ein Schnellzug, wie der TGV!" Wir kamen uns heute gar nicht so schnell vor.
  Es ging erneut durch größere Eukalyptuswälder. Oliver lief etwa 20 Meter vor mir, ich war total in Gedanken versunken, als er sich plötzlich umdrehte und rief: „Da ist ein Koala!" Ohne groß nachzudenken, rief ich: „Wo?" Herzliches Lachen, und mir wurde klar, dass ich mächtig reingefallen war.
  In Pedrouzo haben wir uns nach der Körperpflege und einer kleinen Pause auf dem Zimmer in ein Café am Straßenrand gesetzt und die ankommenden Pilger beobachtet. Auffällig war, dass viele körperliche Beschwerden gehabt haben müssen, denn etliche humpelten. Einzelne gingen sogar an Gehhilfen. In meinen Gedanken kam Dankbarkeit auf, dass ich bis dahin überhaupt keine Beschwerden verspürt hatte.
  Nach dem Abendessen haben wir für den nächsten Morgen noch die Möglichkeit zum Frühstücken erkundet, da in unserer einfachen Pension kein Frühstück angeboten wurde.

Tag 20   10.06.2019

PEDROUZO–MONTE DO GOZO–SANTIAGO DE COMPOSTELA

Unterkunft: Hesperia Peregrino
Strecke: 20 km, 100 Höhenmeter, 4,5 Stdn.

Nach dem Frühstück ging es an die letzte Etappe, zwei kleine Steigungen lagen noch vor uns. Ich muss sagen, selbst die kleinen Anhöhen waren in Anbetracht der Tatsache, dass das Ziel bald erreicht sein würde, irgendwie doch eine Herausforderung. Oder mochte ich einfach nicht mehr? Nun sollte das Ende auch kommen!

Es ging um den Flughafen der Stadt herum, aber bei dem herrschenden Nebel waren Flugzeuge zwar zu hören, jedoch leider nicht zu sehen, obwohl der Weg direkt unter der Anflugschneise hindurchführte. Wie sollten wir vom Monte do Gozo die Stadt erblicken? Auf dem „Berg der Freude" haben sich doch, wenn man der Literatur Glauben schenken kann, bei vielen Pilgern wegen der Ansicht der Stadt und somit dem Erreichen des Pilgerzieles Glücksgefühle eingestellt.

Und tatsächlich: Der Blick wurde möglich. Der Nebel verschwand, die Sonne kam hervor, doch das Glücksgefühl wollte nicht kommen. Für mich war es einfach enttäuschend. Das dort errichtete Denkmal entsprach nicht meinem Geschmack, der Blick auf die Stadt war nicht frei, und die Kathedrale musste ich suchen. Dazu kam das kommerzielle Drum und Dran auf dem Berg.

Also nichts wie weiter. Oliver ging es ähnlich. Gemeinsam pilgerten wir nun in die Stadt, was noch gut eine Stunde dauerte. Der Blick auf die Zeichen war nicht notwendig, auf dem ganzen Weg waren immer Pilger unterwegs. Die Altstadt war erreicht. Als wir durch ein Tor auf den Kathedralvorplatz Praza do Obradoiro traten, läuteten die Glocken zu unserer Begrüßung. Es war genau 12.00 Uhr mittags.

Und jetzt kam es doch, das Glücksgefühl, es geschafft zu haben. Es war ein kurzer, aber bewegender Moment, mit voller Ausrüstung vor der mächtigen Kathedrale zu stehen. Mein selbst gestecktes Ziel, den Camino Francés zu bewältigen, auch wenn es in zwei Abschnitten erfolgen musste, war wirklich erreicht. In diesem Moment zählte nur das Bei-sich-selbst-Sein. Erst danach habe ich die vielen anderen Pilger wahrgenommen und auch bei ihnen Freude gesehen.

Oliver und ich haben uns dann in das Gartenlokal des Parador-Hotels gesetzt, ein verdientes Bier getrunken und mit Blick auf die Kathedrale und den Platz mit den vielen neu ankommenden Pilgern die Situation auf uns wirken lassen.

Nachdem das Hotel aufgesucht und die notwendigen Formalitäten abgewickelt waren, wir uns erfrischt hatten, haben wir noch einen kleinen Stadtbummel unternommen und Postkarten und Briefmarken gekauft. Nach dem Abendessen in der Stadt habe ich mich dann ins Hotel zurückgezogen.

Tag 21   11.06.2019

SANTIAGO DE COMPOSTELA

Unterkunft: Hotel Exe Area Central

Aus buchungstechnischen Gründen mussten wir am heutigen Tag das Hotel wechseln. Das neue Hotel lag genau am anderen Ende der Stadt. Um nicht mit dem Gepäck die Besichtigung der Kathedrale und den Besuch der Pilgermesse durchführen zu müssen, haben wir unsere Rucksäcke noch im alten Hotel deponiert und uns nach dem Frühstück auf den Weg gemacht.

Da die Kathedrale im Inneren renoviert wird, war eine richtige Besichtigung aktuell nicht möglich. Nur der Weg zum Grab und zur Statue des heiligen Jakob waren frei. So reihten wir uns in die Schlange der Besucher ein. Nun kann ich sagen: Ich habe beides gesehen!

Die Pilgermesse um 12.00 Uhr fand in der Kirche des Franziskanerklosters statt. Nicht nur für mich, sondern ich glaube, für viele Pilger ist der Besuch dieser Messe der Abschluss des Pilger-Seins. Trotz der Größe der Kirche haben die Plätze nicht ausgereicht. Die klassische Liturgiefeier wurde mit deutschen, französischen und englischen Worten eingeleitet, dann fand aber alles in spanischer Sprache statt. Doch das ist ja das Schöne an einer katholischen Messe: Der Ablauf ist in allen Ländern gleich, und so war es mir immer möglich, gedanklich zu folgen. Was natürlich gefehlt hat, war das Schwingen des großen Weihrauchfasses. Es wäre auch ganz profan gedacht nicht schlecht gewesen, wenn Weihrauch benutzt worden wäre. Ein deutlich wahrnehmbarer Geruch von durchschwitzten Klamotten machte sich breit. Ich weiß, dass im Mittelalter Weihrauch in den Kirchen oft auch zur Geruchsverbesserung eingesetzt wurde.

Nach dem Wechsel des Hotels, zurück in der Altstadt, führte mich mein Weg in das wirklich sehenswerte Pilgermuseum.

In einer Tapas-Bar haben Oliver und ich es uns dann später wieder gemeinsam bei gutem Essen und einer sehr exzellenten Flasche Rotwein gut gehen lassen. Der Abschluss des Tages war der Besuch der Lobby des Parador-Hotels mit dem Genuss eines Absackers!

Tag 22   12.06.2019

SANTIAGO DE COMPOSTELA

Unterkunft: Hotel Exe Area Central

Auch wenn ich nicht bis ans „Ende der Welt" gepilgert bin, so wollte ich wenigstens diesen Ort sehen. Mit einem öffentlichen Bus ging es nach Fisterra. Es war eine dreistündige Fahrt, lange Strecken an der wunderschönen abwechslungsreichen Küste entlang, mit regelmäßigen Stopps zum Ein- und Aussteigen der Gäste.

Vom Ort, der auf Meereshöhe liegt, geht es 2,7 Kilometer nach Kap Finisterre, einem 140 Meter hohen Granitfelsen, auf dem ein Leuchtturm steht. Die Aussicht am Ende des Felsens Richtung Westen ist wirklich so, als ob es das Ende der Welt sei. Der Blick geht nur auf das Wasser. Erst wenn man zur Seite schaut, ist wieder Land zu sehen. Und bei dem damals herrschenden Wissensstand war offensichtlich die Welt dort hinten zu Ende. Einige Pilger waren den Felsen runtergeklettert und standen mit ausgebreiteten Armen im Wind, andere genossen den Blick in die Ferne.

Nach einer kleinen Stärkung bin ich mit dem Bus wieder zurückgefahren.

Der Rückweg führte direkt ohne Stopps durch das Land, und bereits nach 1,5 Stunden war ich im jetzt verregneten Santiago.

Tag 23   13.06.2019

SANTIAGO DE COMPOSTELA–FRANKFURT–BREMEN

Da mein Rückflug erst am frühen Nachmittag stattfinden sollte, hatte ich viel Zeit. Im Hotel haben Oliver und ich noch gemeinsam gefrühstückt, doch dann hieß es Abschied nehmen. Sein Flieger ging bereits am Vormittag. Insgesamt achtzehn gemeinsame Pilgertage, schöne Erlebnisse, das Überwinden von Hindernissen, die Strecken- und Unterkunftsplanung, die vielen Gespräche, all das bringt einen einander menschlich näher, und die eine oder andere Eigenart des anderen kommt dabei zutage. Missen möchte ich diese gemeinsame Zeit nicht. Der Zufall – oder was auch immer – hatte uns im letzten Jahr zusammengebracht und gemeinsam haben wir diesen unseren Camino bestanden.

Beim Warten auf dem Flughafen habe ich wieder mehrere bekannte Pilger getroffen, die auf der Rückreise waren. Es war interessant zu erfahren, auf welchen Wegen die jeweiligen Heimatstädte angeflogen wurden. Selbst wenn Pilger aus derselben Stadt kommen, haben sie doch unterschiedliche Flugstrecken zu bewältigen, um zu Hause anzukommen.

Mein Flugverlauf war unkompliziert. Mit einem Zwischenstopp in Frankfurt bin ich am Abend wohlbehalten in meiner Wohnung eingetroffen.

Mein Fazit

Etwa achthundert Kilometer bin ich nun zu Fuß quer durch Spanien gepilgert: Hat es etwas mit mir gemacht? Bin ich ein anderer Mensch geworden? Wird sich mein Leben nun verändern? Es war ein Erlebnis, in vielerlei Hinsicht.
Angefangen beim Erleben der Natur. Allein die Geschwindigkeit, in der ich unterwegs war, hat dafür gesorgt, dass ich die Schönheit der Natur einfach viel bewusster wahrnehmen konnte. Nicht nur das Auge war beteiligt, nein, auch die Nase hat viele Düfte, auch mal unangenehme, aufgenommen. Selbst das Berühren von Gräsern und Sträuchern war ein kleines Erlebnis. Bei den heimischen Spaziergängen kommen diese Aspekte viel zu kurz. Wie farbenfroh und abwechslungsreich die Bilder in den unterschiedlichen Gegenden waren, habe ich immer wieder mit Staunen zur Kenntnis genommen.

Die Gastfreundschaft der Spanier, insbesondere in den Herbergen und schlichten Unterkünften, war immer wieder bemerkenswert. Das Gefühl, ein Fremder zu sein, kam erst gar nicht auf. Als Pilger gehört man einfach dazu, ist Teil des Ganzen, eben des Camino.

Als ein besonderes Erlebnis bleibt mir ganz sicher das Miteinander der Pilger in bester Erinnerung. Diese Unkompliziertheit, diese Offenheit und Hilfsbereitschaft sind einmalig, und die berüchtigte Sprachbarriere spielte überhaupt keine Rolle. Aus welchem Land die einzelnen Pilger auch immer kamen, es dauerte nicht lang, und ein munteres Gespräch wurde geführt: nicht immer ganz flüssig, manchmal auch nur mit wenigen Worten, aber immer in froher Stimmung. Man kann wirklich sagen:

Die Welt trifft sich auf dem Jakobsweg. Ich habe Pilger aus allen Erdteilen getroffen. Es gibt Länder auf dieser Welt, in denen es hervorragende und auch anspruchsvolle Wanderrouten gibt. Aber ich habe sehr oft vernommen, dass der Jakobsweg doch etwas Besonderes und eben nicht mit einem normalen Wanderweg zu vergleichen sei.

Mir als Älterem fiel allerdings auf, dass die jungen Menschen anders unterwegs sind: Ohne Smartphone oder I-Phone läuft nichts. Mit heruntergeladener Wegekarte waren sie unterwegs, selbst in Gruppen hielt ein jeder sein Gerät vor seine Nase. Dabei ist der Weg gut gekennzeichnet! Beim Suchen der Markierungen streift der Blick doch automatisch durch die Landschaft, und man kann wieder die Umgebung aufnehmen. Für mich war es unverständlich, so unterwegs zu sein.

Aber wie war ich unterwegs? Häufig eben allein! Und das war auch gut so. Die Chance zu haben, in freier Natur zu gehen, seinen Gedanken freien Lauf zu lassen und nicht abgelenkt zu werden, ist ein großes Glück. Es müssen gar keine persönlichen Probleme sein, die bedacht werden wollen. Einfach über sich und seine Lieben zu Hause nachzudenken, das Vergangene zu reflektieren, sich der Dankbarkeit über die Gegenwart bewusst zu werden und sich auf die kommende Zeit zu freuen, ist es wert, den Weg zu gehen. Wann hat man in seinem Alltag zu Hause schon so viel Zeit, um sich in diese Gedanken zu versetzen? Mir wurde immer wieder deutlich, dass ich in voller Zufriedenheit mein Leben gestalten kann und dafür sehr dankbar bin. Am Ende des Weges kam natürlich auch ein wenig Stolz auf, die Anstrengungen und Strapazen des Camino gut gemeistert zu haben, auch wenn ich im zweiten Teil des Weges nicht mehr in Mehrbettzimmern übernachtet habe. Dieser Sachverhalt ist sicher meinem Alter geschuldet. Die gemeinsamen Einnahmen des Pilgermenüs in den Herbergen waren allerdings immer wieder ein Erlebnis.

Um die oben gestellten Fragen zu beantworten: Ich bin sicher kein anderer Mensch geworden, und ich werde mein Leben auch nicht verändern. Aber es hat mir gezeigt, dass eine erfüllende Zeit erlebt werden kann, die ohne Hektik, ohne Leistungsdruck, ohne Konkurrenzkampf, ohne viel Luxus und ohne Aktivitäten mit Nervenkitzeln ausgefüllt ist.

Und werde ich noch einmal losgehen?

Ich denke, das werde ich nicht machen. Ein lange still gehegter und dann doch heftig erwachender Wunsch ist erfüllt, die Herausforderung ist gemeistert.

Der Camino wird noch lang in meinem Kopf und Herzen nachwirken.

Mit 70 auf den Jakobsweg

Während der Zeit der Vorbereitung kamen natürlich Zweifel auf, ob es überhaupt richtig ist, einen 800 Kilometer langen Pilgerweg anzugehen. Es wurde mir schon bewusst, dass ich mit Geburtsjahr 1949 nicht mehr zu der jungen Garde gehöre. Wenn man den Statistiken trauen darf, waren im Jahr 2018 von den etwa 300 000 in Santiago de Compostela registrierten Pilgern 190 000 auf dem Camino Francés unterwegs gewesen. Von diesen Pilgern waren 18 %, also etwa 34 000, über 60 Jahre alt. Wie groß die Anzahl von Pilgern war, die über 70 Jahre sind, konnte ich nicht rausbekommen.

Sicher sind die Voraussetzungen und die Vorbereitungen anders, eben umfangreicher und sicher sorgfältiger, als wenn sich ein junger Mensch auf den Weg begibt. Für mich war die Erfahrung zu wandern ganz neu. Auch wenn ich körperlich einigermaßen fit war und bin, so ist es doch etwas ganz anderes, regelmäßig ausgedehnte Spaziergänge zu unternehmen, als mit Gepäck durch nicht immer einfaches Gelände zu pilgern. Ich glaube aber schon, dass diese meine Gepflogenheit, eben regelmäßig an frischer Luft durch unsere Parkanlagen der Stadt zu gehen, wesentlich dazu beigetragen hat, dass ich den Camino bewältigt habe.

Ein entscheidender Punkt ist sicher, den Wunsch zu haben und den Willen aufzubringen, sich dieser Herausforderung zu stellen. Zum Glück ist bei der Planung und der Vorbereitung nicht immer ganz klar, welche Strapazen auf einen zukommen, auch wenn die Literatur Hinweise dazu gibt. Aber in der Euphorie des Wollens wird so etwas leicht überlesen.

Es ist sicher auch ein gravierender Unterschied, ob ich eine organisierte Pilger- oder Gruppenreise durchführen oder in eigener Regie die Strecke bewältigen möchte. Für mich war von Anfang an klar, dass ich allein unterwegs sein wollte. Sowohl Zeitpunkt, Wegstrecke als auch Unterkünfte wollte ich selbstbestimmt festlegen können.

Dieses Vorgehen hat sich für mich als richtig erwiesen. Als Ruheständler hatte ich mir die nicht so heiße, trockene Zeit ausgesucht, und so fiel die Entscheidung auf die Monate Mai/Juni. Auch haben zu dieser Zeit die Pilgerzahlen noch nicht ihren Höhepunkt erreicht. Über die blühende Landschaft in diesen Monaten habe ich ja oben bereits berichtet.

Bei der Wegstrecke gab es bei mir auch keine Zweifel, es musste der Camino Francés sein. Über die Länge der einzelnen Etappen hatte ich keine Festlegungen getroffen. Dies sollte ganz abhängig sein von den Erlebnissen, den zum Glück nicht aufgetretenen gesundheitlichen Problemen und den lokalen Umständen, wie Wetter und Beschwerlichkeit des Weges. Da gegen Ende des Weges die Anzahl der Pilger immer größer wird und somit das Finden einer Unterkunft mit vermehrtem Aufwand verbunden ist, kann ich doch nur empfehlen, ein Smartphone mitzunehmen und eine Unterkunft für den Folgetag zu buchen. Das Pilgern ist dann viel entspannter!

Aber zurück zu den Vorbereitungen. Wichtig ist eine gute Selbsteinschätzung, was die körperliche Leistungsfähigkeit angeht, gefährlich wird die Überschätzung. Sicher ist die Einholung eines Rates beim Hausarzt nicht verkehrt.

Mir persönlich hat bei der Beschaffung der Ausrüstung eine gute Beratung sehr geholfen. Ich muss anmerken, dass ich alles erst anschaffen musste: von einem gut sitzenden Rucksack (ich wusste gar nicht, dass man dabei so viel verkehrt machen kann), einem leichten Schlafsack, einem sinnvollen Regenschutz, dem passenden Schuhwerk über angepasste Kleidung bis hin zu weiteren nützlichen Dingen. Ich war heilfroh, in einem Fachgeschäft einen sachkundigen, wandererfahrenen Verkäufer gefunden zu haben.

Diese Ausrüstung sollte auf jeden Fall vor Beginn der Pilgerreise ausprobiert werden.

Ja, bei guter Vorbereitung kann es auch mit 70 auf den Jakobsweg gehen. Da ich allein oder vielleicht in Begleitung unterwegs bin, kann ich selber bestimmen, wie es weitergeht. Es müssen nicht die oft zitierten 31 Etappen von Saint-Jean-Pied-de-Port bis Santiago de Compostela sein. Meiner Fitness entsprechend, der Tagesform gehorchend und der Schwierigkeit des Geländes angepasst werden einfach kürzere Etappen bewältigt. Auch das Einlegen einer Pause und der Verbleib an einem schönen Ort zur Regeneration ist eine Option. Und ganz sicher ist es nicht notwendig, in einer Herberge in einem Schlafsaal zu übernachten. Sicher, es war und ist eine Erfahrung, die aber nicht unbedingt regelmäßig wiederholt werden muss. Eine ruhige Nacht mit ausreichendem Schlaf und der Möglichkeit einer sachgerechten Körperpflege trägt ganz gewiss zu einer Steigerung der Leistungsfähigkeit bei.

Der Weg ist anstrengend, der Camino fordert, aber er gibt auch zurück. Ist der Wunsch da, den Jakobsweg zu gehen, dann kann ich nur empfehlen: Es lohnt sich, die Herausforderung anzunehmen und sich ihr zu stellen.

Bon Camino!

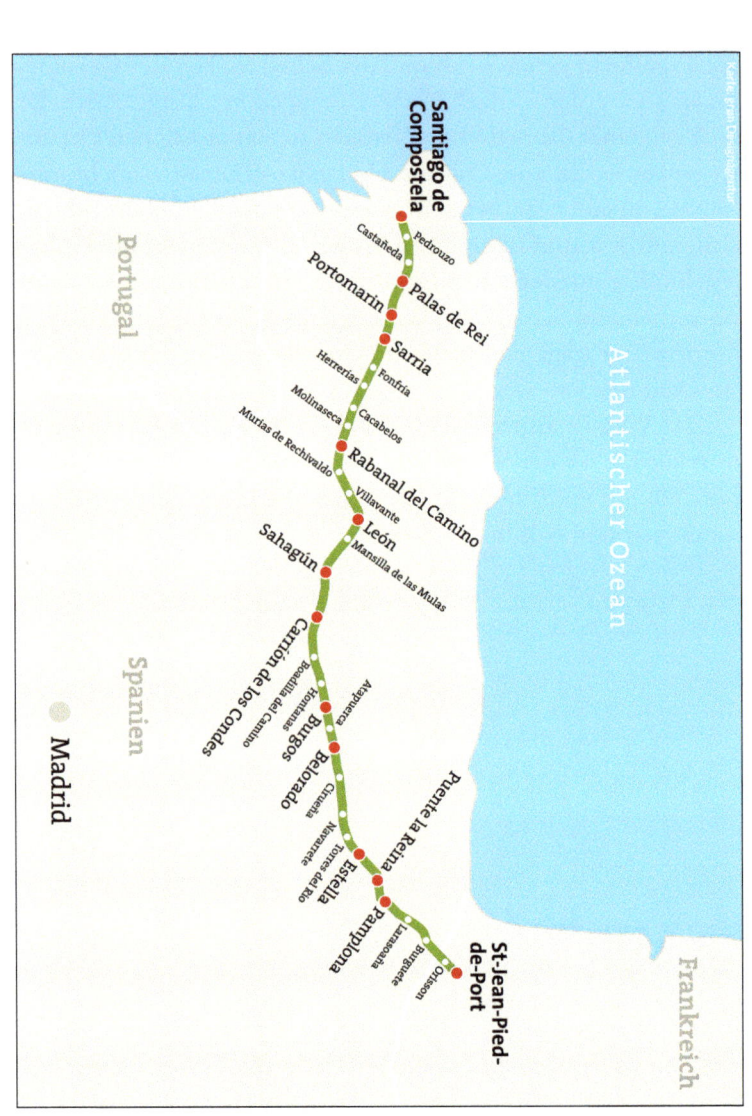

Hilfreiche Unterlagen

Raimund Joos, Spanien: Jakobsweg Camino Francés,
Conrad Stein Verlag GmbH 2017

Hape Kerkeling: Ich bin dann mal weg,
Piper Verlag GmbH 2008

Gioia und Nando Lanzi: Der Jakobsweg,
Primus Verlag 2012

Verzeichnis der Unterkünfte, Camino Francés 2017
www.jakobsweg-lebensweg.de

Fotos: Oliver Schweins, Hamburg

Die Fotos sind in der jeweiligen aktuellen Situation gemacht und halten den Moment fest.

Karte: grøn Designagentur, Böttcherstr. 1, 28195 Bremen,
http://www.gron.design

Der Autor

Reinhold Heers, geboren 1949 in Celle/ Niedersachsen, studierte nach dem Abitur Humanmedizin und absolvierte die Prüfungen zum Facharzt für Allgemein- sowie Betriebsmedizin.
Bis 2011 war er als Sanitätsoffizier in der Bundeswehr tätig. Auch heute besteht sein ärztliches Engagement fort und wird um vielfältige ehrenamtliche Aktivitäten ergänzt.
Heers lebt seit über 30 Jahren im Raum Bremen. Er ist verwitwet und hat zwei erwachsene Kinder.
Zu seinen Hobbys zählen klassische Konzert- und Theaterbesuche.
„Bon Camino – Mit 70 auf dem Jakobsweg" ist Reinhold Heers schriftstellerisches Erstlingswerk.

novum VERLAG FÜR NEUAUTOREN

Der Verlag

*Wer aufhört
besser zu werden,
hat aufgehört
gut zu sein!*

Basierend auf diesem Motto ist es dem novum Verlag ein Anliegen neue Manuskripte aufzuspüren, zu veröffentlichen und deren Autoren langfristig zu fördern. Mittlerweile gilt der 1997 gegründete und mehrfach prämierte Verlag als Spezialist für Neuautoren in Deutschland, Österreich und der Schweiz.

Für jedes neue Manuskript wird innerhalb weniger Wochen eine kostenfreie, unverbindliche Lektorats-Prüfung erstellt.

Weitere Informationen zum Verlag und seinen Büchern finden Sie im Internet unter:

www.novumverlag.com

novum VERLAG FÜR NEUAUTOREN

Bewerten Sie dieses Buch auf unserer Homepage!

www.novumverlag.com